本书获得2023年河南省软科学研究计划项目"创新驱
企业高质量发展的影响研究"（编号：232400

CORPORATE VENTURE CAPITAL AND
TECHNOLOGICAL INNOVATION:
THEORY AND EVIDENCE

公司创业投资与技术创新

理论与证据

刘婧 ◎ 著

经济管理出版社
ECONOMY & MANAGEMENT PUBLISHING HOUSE

图书在版编目（CIP）数据

公司创业投资与技术创新：理论与证据/刘婧著 . —北京：经济管理出版社，
2023. 3（2023.8 重印）
ISBN 978-7-5096-8976-9

Ⅰ . ①公… Ⅱ . ①刘… Ⅲ . ①公司—创业投资—研究 Ⅳ . ①F276. 6 ②F830. 59

中国国家版本馆 CIP 数据核字（2023）第 053513 号

组稿编辑：杜 菲
责任编辑：杜 菲
责任印制：许 艳
责任校对：蔡晓臻

出版发行：经济管理出版社
　　　　　（北京市海淀区北蜂窝 8 号中雅大厦 A 座 11 层　100038）
网　　址：www. E-mp. com. cn
电　　话：（010）51915602
印　　刷：唐山玺诚印务有限公司
经　　销：新华书店
开　　本：720mm×1000mm/16
印　　张：13. 5
字　　数：170 千字
版　　次：2023 年 3 月第 1 版　　2023 年 8 月第 2 次印刷
书　　号：ISBN 978-7-5096-8976-9
定　　价：88. 00 元

前　言

　　持续不断的创新是企业保持核心竞争力的重要手段。当产业集团发展到一定阶段，渐进式创新和固有业务模式可能无法满足利润快速增长的需求，突破式创新和拓展新领域迫在眉睫。集团公司通过创业投资获取新知识和新技术、感知市场环境变化、追踪前沿科技发展、提早布局新兴赛道。通过战略调整实现横向的产业扩张和纵向的产业延伸。同时，在培育初创企业的过程中，双方实现技术、资源协同效应，集团公司实现战略目标、获得财务回报。公司创业投资（Corporate Venture Capital，简称 CVC 投资）已成为大企业创业活动和开放式创新的重要模式，在全球范围内飞速发展，是股权投资市场的重要组成部分。本书以 2005 ～ 2017 年我国 A 股上市公司的创业投资事件为研究对象，围绕公司创业投资对其自身技术创新能力的影响展开研究。

　　本书基于理论梳理、案例分析和实证检验，对公司创业投资与技术创新的关系及其作用机制进行了探讨。全文分为七章：第一章导论，介绍了选题背景，提出了研究问题及其理论与现实意义，简要说明研究思路、研究方法和创新之处。第二章介绍公司创业投资与技术创新的研究进展，回顾了国内外相关研究成果。第三章结合研究内容阐述相关研究理论，描述公司创业投资发展历程及中国 CVC 投资发展现状，并选取行业和具体企业典型投资案例分析、总结创业投资特点，为后续实证检验提供理论基础和现实证据。第四章讨论了公司创业投资对技术创新的直接影响，通过构建不同层次的投资衡量指标、区分专利类型，实证检验了 CVC 投资对技术创新产出的正向影响。第五章通过验证公司创业投资对技术创新的作用机制与影响因素，证实了研发投入的中介效应以及内外部影响因素的调节效应。第六章进一步从生产效率角度检验 CVC 投资的经济后果，即对企业全要素生产率和成本加成率的影响。第七章为结论与展望。本章总结了公司创业投资过程中存在的问题，提出相应的政策建议，在分析研究不足的基础上提出了未来研究方向。本书主要研究结论如下：

（1）公司创业投资正向影响企业技术创新能力，促进企业创新产出，尤其是实质性创新产出。投资初创企业是长期投资行为，因此 CVC 投资的影响持续多个期间。投资呈现东部区域集中性，主要投资早期项目的天使轮和 A 轮、B 轮。投资企业生命周期与初创企业的投资阶段相匹配后发现，成长期、成熟期企业对扩张期初创企业进行投资最有利于投资企业自身创新能力的提升。衰退期企业投资比例最小，对企业自身无显著效果。近年来，直接投资比例上升、参投比例下降，大公司在直投和合投模式下自身创新绩效获益最多，而参投独立风险投资（IVC 投资）机构的投资模式收益最小。

（2）公司创业投资作为外部创新活动，与企业研发投入并非"替代效应"，反而是为了更好地吸收、利用外部知识与技术，企业加大研发投入。外部创新与内部研发形成互补、协同效应。CVC 投资的战略目标之一是用多样化投资分散原有产业的周期风险。业务多元化的企业有机会接触更多、更优质的项目，更有可能开展投资活动。但是从技术吸收角度来看，企业的多元化经营削弱创业投资促进技术创新的正向作用。管理者能力是创业投资作用的"放大器"，具有战略眼光的管理者有效利用创业投资带来的机遇，增强创业投资对创新活动的积极效应。产品市场竞争激烈的企业，通过创业投资积极创新、增加产出以获取竞争优势。而位于低金融发展水平地区的企业，创业投资对创新的作用发挥得更充分。

（3）公司创业投资通过提高生产效率、资源配置效率改善企业全要素生产率，这一作用在非国有企业、高新技术企业、高市场势力企业中更显著；公司创业投资通过降低成本、获取市场定价权来增加企业成本加成率，这一作用在非国有企业、高新技术企业、强市场竞争企业中更明显。在以上两类关系中，研发投入均发挥部分中介作用。

本书着重强调公司创业投资对于自身技术创新能力的提升作用，从"技术（创业企业）—资本投入—技术（投资企业）"融合的角度，将"CVC 投资—研发投入—技术创新及经济后果"纳入同一个研究框架。并考虑企业内部决策、管理者和外部竞争和发展水平等因素的影响，进一步将投资企业生命周期与被投资企业投资阶段相结合，探讨了更适合的投资方式和阶段。最后对技术创新经济后果的检验，突出了公司创业投资作为一种外部创新机制对企业核心价值、生产效率、市场定价权的重要贡献。

目　录

第一章

导　论

一、研究背景

　　科学技术的创新推动经济增长，通过技术变革提高生产要素的产出效率，保持经济社会持续健康运行。"十四五"规划提出要坚持创新驱动发展、全面塑造发展新优势、强化国家战略科技力量、提升企业技术创新能力、激发人才创新活力、完善科技创新体制机制等具体发展方向。世界正经历百年未有之大变局，新一轮科技革命和产业变革接踵而至。面对外部环境、经济政策的变化，创新是微观企业应对不确定性的重要手段。持续的创新有利于企业获得竞争优势、享受垄断利润，完成资本积累进而再次创新，不断保持领先水平。宏观方面，我国经历传统产业升级、新旧动能转换、高速增长向高质量增长切换、供给侧结构性改革和消费侧改革、中美贸易战，推出了"互联网+"行动计划，提倡"大众创业、万众创新"等政策，创新的重要性依次显现。劳动、技术、知识、资本、人力融合，科技创新与理论创新、制度创新、文化创新齐头并进，相辅相成。

2021年1月，财政部、工业和信息化部联合印发《关于支持"专精特新"中小企业高质量发展的通知》，启动中央财政支持"专精特新"中小企业高质量发展政策，为推动经济高质量发展注入动力。在此之前，风险投资一直跟随国家政策指引支持中小企业创业创新。在高科技领域和新兴行业中出现了风险投资机构的身影，如人工智能、大数据、"互联网+"、金融科技、交通运输、移动医疗、生物科技、新能源等。风险投资在中国经过30年的发展分化为独立风险投资、公司创业投资、政府引导基金等类型，形成投资重点、领域和专长不同的多层次投资体系。其中，公司创业投资机构发挥着越来越重要的作用，不仅培育出大批优秀的新创企业，也作为投资方的大公司和企业集团从创业投资中获益颇丰，本书即针对公司创业投资行为展开研究。

公司创业投资（Corporate Venture Capital，简称CVC投资）属于风险投资的一种，也可称为公司风险投资，是指由非金融企业基于财务和战略目标对初创企业通过直接和间接方式进行的股权投资（Gompers和Lerner，2000），早期主要针对初创和成长期的创业公司进行投资。它以战略目标为主导，通过组织间学习和创新获取新的资源、机遇、市场、识别并购目标等重要战略收益，以促进大型投资企业的战略发展。CVC投资具有独立风险投资（Independent Venture Capital，简称IVC投资）功能，相比独立风险投资机构，其向初创企业提供的资金期限更长、对风险容忍度更高、给予企业的估值更高。投资方提供如产业链、技术支持等更多增值服务，提高被投资公司价值。公司创业资本涉足独立风险资本不愿意介入的年轻、前沿、风险高的初创企业，风险承担更高，而超长的存续期允许新创试错和技术积累，有利于创造更多社会价值。

实践证明，腾讯、百度、阿里巴巴等平台企业和科技巨头布局创业投资十余年，形成覆盖各新兴行业的全产业投资链条，通过 CVC 投资连接新经济、寻找外部增长点，实现集团公司与创业企业的市值增长协同性。猿辅导、拼多多、小鹏汽车、字节跳动、宁德时代等优秀企业皆是创业投资机构的投出企业。TCL 集团旗下的 TCL 创业投资管理基金规模超过 90 亿元，累计投资 126 个项目（截至 2020 年），创业投资围绕核心主业的产业链布局，实现了产业技术协同发展和进入新业务的投资机会，在核心电子器件、基础软件及高端通用芯片等领域积累了帝科股份、寒武纪、得一微电子等诸多成功案例。TCL 产业金融与创业投资业务为企业建立差异化竞争优势，已成为集团三大业务板块之一，比肩主营业务半导体板块。大公司创业投资行为不仅为企业带来稳定的利润贡献，也有利于平衡主营行业市场周期波动的影响。

信息化和全球化浪潮既给企业带来机遇也带来压力，随着环境不确定性的增加，技术创新发展的轨迹往往难以预测，行业之外的新兴技术随时可能引发颠覆性变革。越来越多的企业意识到，单纯依靠自身的知识基础和内部研发活动并不足以催生突破性创新，企业必须向外部的创新主体学习来解决这一困境（Cohen 和 Levinthal，1990；March，1991）。正因如此，众多大企业通过开展风险投资活动及与创新资源丰富的创业企业建立组织间关系，从而获得向创业企业学习的机会，进而增强自身的创新能力、提高创新绩效（Schildt 等，2005）。同时，这些大公司利用丰富的行业经验识别有前景的公司，提供资金并帮助它们快速商业化新颖的想法和有创意的产品，利用成熟的技术经验推进创业企业不断精进技术，不断创新。

中国公司创业投资一直发展缓慢，直到 2008 年受全球金融危机影响，外资投资机构大幅减少，而本土互联网企业开始活跃，带动了 CVC 投资飞速增长。2015 年我国上市公司的 CVC 直接投资达到 828 笔，涉及金额超过千亿元，投资数量和规模均达到历年新高。资本市场的发展也带动了 CVC 投资的发展，深交所的中小企业板、创业板、科创板为创业投资孵化新创企业提供了平台，独立风险投资机构和公司创业投资机构得以通过公开上市发行（IPO）和并购方式退出企业，战略和财务回报颇丰，一大批行业龙头和独角兽企业在各类资本的支持下涌现出来。创业投资作为信贷渠道的补充和替代，可缓解小企业的融资约束。对于上市公司来说，将闲余资金投入实体企业，可防止资金进入金融领域空转，跟随产业政策指引进入风险高、资金需求大、私人投资较少的领域，对国家产业和企业未来发展都是有利的。但是创业投资也有消极的一面，存在周期性、逐利性，某些行业集中投资、过度投资的情况时常出现，有些投资缺乏产业支撑，投资可行性小，对投资方企业整体价值并无有效提升。

基于以上研究背景，本书关注我国上市公司的创业投资行为在获得战略回报和财务回报的同时，对其自身的技术创新有何影响？哪些因素制约创业投资对创新的影响？简言之，本书深入探讨公司创业投资与自身技术创新能力的关系，并提供理论和案例、实证支持。

二、研究问题和意义

（一）研究问题

公司创业投资近十年取得了长足的发展，越来越多的企业意识到创业投资的重要性，设立专门的创业投资部门或与其他机构合资成立产业基金、创业投资公司，或参股独立风险投资机构等，避免错过创业投资行业发展带来的红利。创业投资作为股权投资的一种，业界对其存在质疑，随着资本市场的发展，企业金融化程度逐渐提高，企业舍弃主业发展副业甚至加大金融投资被质疑是偏离长期战略的行为，不利于所在行业和实体经济的长久发展。但公司创业投资不同于其他类型的金融投资，是一种长期的、战略性的、高风险的股权投资策略，在美国、以色列、德国等西方国家的技术创新体系中发挥了重要的作用。我国作为新兴经济体，在创新政策的支持下各行业加速发展，创业投资经历了10年的发展成熟，对中国企业的创新产生怎样的影响？针对此问题，本书研究公司创业投资与其自身技术创新能力的关系。通过研究，归纳公司创业投资特征、发掘 CVC 投资积极的一面，肯定其在技术创新活动中的正面作用，并寻找投资存在的不足。具体地，本书试图解决以下问题：

第一，中国公司创业投资是如何发展的？与全球公司创业投资步调一致吗？结合行业和企业创业投资案例，探询投资价值和投资经验。根据清科私募通数据库中沪深两市 A 股上市公司的投资数据，使用统计方法展示我国公司创业投资的程度，发现我国上市公司研发投入和技术创新的整体水平如何变化，并对创业投资类型、投向地区、投资轮次、投资阶段进行分析，为后续具体研究创业投资的作用机制提供基本概况描述。

第二，公司创业投资会影响自身的技术创新能力吗？创业投资是长期行为，其影响仅存在于当期吗？对未来的创新活动有持续影响吗？具体而言，创业投资对创新能力的影响体现在哪一层面？是整体创新水平还是实质性创新水平？在企业的不同发展阶段，创业投资与创新的关系会发生变化吗？选择在初创企业的种子期、扩张期或成熟期进行投资，会影响创业投资对企业自身技术创新的作用吗？本书通过匹配投资企业的生命周期与被投资企业的投资阶段，讨论什么阶段的投资最有利于创业投资发挥作用。

第三，公司创业投资影响技术创新的内在机制是什么？创业投资作为外部创新的一种机制，会替代内部创新及挤出企业研发投入吗？一般来说，多元化的企业常常有意识进行分散投资、积极参与股权投资，而企业在单一领域的深度研究才能更敏锐的感知并应用该行业的新知识和新技术，那么较高的业务多元化程度会削弱企业通过创业投资对外部的技术吸收吗？创业投资项目的筛选考验决策层眼光，项目成功与否和管理层的投资经验、能力息息相关，因此管理者能力的强弱是否影响创业投资对技术创新的作用？外部环境的变化也会影响创业投资与创新的关系，激烈的市场竞争促使企业有意识地加大创新活动力度，是否促进企业对外部知识和技术的吸收？地区的金融发展缓解了企业融资约束，有利于增加创新投资，那么金融发达地区的公司展开创业投资是否更有利于自身的技术创新？抑或创业投资对不发达地区的企业更有利？

第四，企业技术创新能力增强能提升企业价值，那么公司创业投资是否直接或者间接对企业创新的经济后果产生进一步影响？公司创业投资除影响技术创新产出外，还直接影响企业的资源配置、生产效率或者间接通过技术创新影响企业效率。因此，专利申请量等创新产出只是衡量企业技术创新能力的一种方式，本书拟探讨公司创业投资对企业全要素生产率、企业成本加成率等反映企业技术创新应用水平因素的持续影响。

（二）研究意义

1. 理论意义

（1）有助于从理论上澄清有关风险投资的争议。提到风险投资，学术界一直有一种刻板印象，即资本是逐利的，风险投资机构投资的最终目的是退出获利。这种观点忽略了其中一个特殊投资群体——公司创业资本的战略意义，即布局竞争赛道、提前获得技术变革。本书考虑"技术（初创企业）—资本—技术（上市公司）"的融合，基于资源基础观、组织学习、战略管理、委托代理和实物期权等理论，从投资公司角度探寻 CVC 投资对技术创新的影响机制。同时，将研发投入作为中介，驳斥了外部创新替代内部创新的观点，完善了风险投资对企业创新的影响渠道研究。

（2）有助于从投资特征的视角丰富和拓展企业创新影响因素的相关研究。本书细化了研究内容，同时考察投资数量、投资规模、投资类型、投资阶段的影响，使研究从 CVC 投资的"量"拓展到 CVC 投资的"质"，并在不同的公司研究视角中加入公司治理、外部环境、生命周期等影响因素，使研究更符合新兴市场的特点和我国国情。本书使用真实、较为完整的数据验证或驳斥了以往研究的部分观点。

（3）有助于从创新和效率视角丰富和拓展创业投资经济后果的相关研究。本书纳入企业全要素生产率和成本加成率，二者既作为创业投资带来企业经济后果的表现，又作为技术应用水平的其他衡量标准。形成"公司创业投资—研发投入—技术创新—全要素生产率/成本加成率"的逻辑分析思路，为后续研究提供了一个更加细致的理论分析框架。

综上，本书丰富了企业技术创新机制和影响因素的研究，拓展了开放式创新理论，为公司创业投资提供了数据和理论支持。

2. 现实意义

有助于为进一步推进创业投资、提高投资效率提供理论依据和政策参考。风险投资尤其是公司创业投资近十年获得飞速发展，投资阶段、投资方式、投资周期对初创企业和企业集团、平台企业都有十分重要的影响。实践证明，风险投资不仅对推动有成长性的中小企业的发展至关重要，而且对投资主体本身产生积极影响。本书验证上市公司以低成本获得外部创新资源的可行性，证明 CVC 投资是一个好的投资工具或获得创新资源的渠道，同时证明外部创新不会挤压内部研发，创业投资对企业创新的激励影响与企业自身的研发活动相得益彰、相辅相成。本书通过理论分析、实务案例和实证检验，将宏观经济、微观企业投资行为与理论连接，关注外部环境、内部治理、生命周期对上市公司投资行为的影响，为政府推动新兴产业发展、引导投资和鼓励创新提供一些新思路。梳理中国上市公司创业投资的发展脉络，有助于理解投资的周期性以及公司投资群体对于个人创业、企业创新、国民经济发展的贡献。

三、研究内容、研究方法和技术路线

（一）主要研究内容

本书以 2005～2017 年中国沪深两市 A 股上市公司为研究对象，探讨 CVC 投资对上市公司自身企业技术创新能力的影响，以期发现创业投资的发展轨迹和积极作用，为企业持续创新提供有益参考。本书共七章，每章的主要研究内容如下：

第一章导论。首先，介绍了企业技术创新的重要性及我国处于经济转型期、鼓励创新创业的大环境；其次，简要阐述了风险投资在促进企业创新活动中起到的重要作用，强调公司创业投资的飞速发展和不同于其他风险投资的特征，引出研究目的和意义。最后，梳理了各章的研究内容并构建全书技术路线图，列出本书使用的主要研究方法。

第二章公司创业投资与技术创新的研究进展。本章包含三个部分，即企业技术创新、公司创业投资及二者关系综述。第一节介绍了技术创新的内涵、分类、测度，及其与宏观、中观、微观影响因素相关的文献；第二节归纳了公司创业投资的界定、分类、目标，影响创业投资的因素和退出方式；第三节总结了公司创业投资与企业技术创新、企业经济后果相关文献的研究成果。

第三章理论基础、创业投资发展历程与典型案例。首先，从知识基础、资源基础、组织学习与创新搜寻、企业联盟与战略管理、实物期权等理论出发，对公司创业投资影响技术创新的理论基础进行阐述。其次，描述了全球以及中国公司创业投资的发展历程、中国公司风险投资发展现状，并介绍了国内外公司创业投资的典型案例。

第四章公司创业投资对技术创新的直接影响。首先，理论分析和推导了公司创业投资与其自身技术创新之间的正相关关系，公司创业投资可以促进技术创新。其次，通过分析 A 股上市公司的经验数据，对我国上市公司创业投资的数量、金额、投资类型、地区分布、投资阶段和轮次、专利产出进行描述性统计。再次，使用实证模型检验了公司创业投资对技术创新的正向作用。在进一步分析中，考虑投资企业生命周期、初创企业投资阶段对创业投资作用的影响，将二者进行匹配，试图找出创业投资对技术创新能力的影响在不同生命周期、投资阶段中是否存在差异。最后，用数据证明直投、合投、参投 IVC 三类投资的效果差异。

第五章公司创业投资对技术创新的作用机制与影响因素。首先，在第四章的基础上，进一步寻找公司创业投资影响技术创新的内在作用机制。理论分析和实证检验了创业投资—企业研发投入—技术创新产出这一路径，证实研发投入具有中介效应。其次，公司内外部因素影响创业投资和技术创新决策，考虑业务多元化程度和管理者能力两个内部影响因素，加入产品市场竞争和地区金融发展水平两个外部影响因素，探讨四个内外部因素对创业投资与技术创新关系的调节效应。

第六章公司创业投资与技术创新：经济后果检验。经济后果不局限于企业价值，经过组织间学习、战略联盟等理论分析发现，公司创业投资不仅提高企业技术创新能力，也直接和通过创新活动间接影响企业生产效率，有可能提升产品价格定价权、节约生产成本，影响企业整体利润率。因此，本章理论分析和实证检验公司创业投资对企业全要素生产率和成本加成率等经济后果的进一步影响。

第七章结论与展望。对研究结论进行总结，归纳了我国上市公司创业投资与自身技术创新融合过程中存在的问题。提出注重基础研究和保护原创性创新、引导资本市场健康发展的相关政策建议。指出研究的不足和未来研究方向。

（二）研究方法

1. 定性分析法

在研究问题形成之前，收集、整理和分析关于公司创业、技术创新、风险投资等领域的研究文献，通过阅读英文顶级期刊，理清学者的研究思路、角度和研究不足。基于资源基础理论、组织行为理论、实物期权理论的相关文献，从不同角度进行理论推导、归纳研究机制、搭建逻辑分析框架，从而针对研究问题提出一系列的研究假设。

2. 定量分析法

利用国泰安、Wind、清科私募通等数据库收集财务数据和投资数据，借助 Python、Stata 等软件进行数据挖掘和数据分析，通过企查查、天眼查等网站确认公司持有创业投资机构情况，使用实证研究中的描述性统计、多元回归分析等方法对第四章至第六章的相关假设提供检验。选用 2005～2017 年中国沪深两市的 A 股上市公司和参股的风险投资机构为样本，根据假设和数据特点选择合适的计量方法与模型。

3. 比较分析法

CVC 投资在欧美、日本等发达国家十分成熟，经历了多个发展阶段，其经济发展结构、制度背景、资本市场成熟程度都与我国显著不同。本书通过对比全球不同的 CVC 投资发展阶段、投资偏好，挑选典型案例，总结中国 CVC 投资发展历程。通过描述性统计，比较中国 CVC 投资的不同类型及 CVC 投资在不同投资轮次、阶段、地区的发展现状。

4. 案例分析法

大量阅读关于创业投资实务的书籍，从投资人的实务经验中了解创业投资的作用机制和影响因素，打开创业投资作用的"黑箱"。总结优秀案例的经验和失败案例的教训，归纳创业投资企业的成功投资逻辑和失败教训。

（三）技术路线

本书的技术路线如图 1-1 所示。

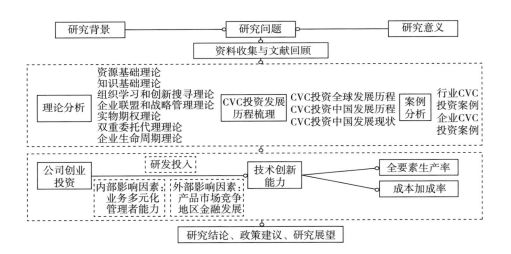

图 1-1　本书技术路线

第二章

公司创业投资与技术创新的研究进展

一、公司创业投资研究

（一）公司创业投资界定及分类

对公司创业投资内涵的界定最早由 Gompers 和 Lerner（1998）给出，指成熟公司对初创企业发起的股权投资。后续又有多位学者对公司创业投资给出更丰富的定义，如帮助母公司实现战略成长和扩张，为母公司建立新竞争力（Dushnitsky 和 Lenox，2005；Narayanan 等，2009）；有助于母公司进行知识、技术的吸收和迁移，刺激公司进行组织内外部学习，增加创新产出（Weber 和 Weber，2005）；帮助母公司获取战略回报，开辟接触新技术、新产品的窗口，带来潜在的市场机会和并购机会（Katila 等，2008；Maula 等，2013）；同时追求战略目标和经济目标（Dushnitsky

等，2012）。

CVC 投资有多种形式，如通过母公司或全资子公司直接投资；通过管理的专项风险投资基金投资；由子公司与 IVC 投资机构共同出资成立共同基金从事投资；成立产业合伙基金，以有限合伙人（LP）身份参股独立风险投资机构（Dushnitsky 和 Lenox，2006；董静和徐婉渔，2018）。企业在业务部门下设立 CVC 投资单元，或专门设立独立的 CVC 投资部门向财务总监或者总经理汇报投资项目（Ernst 等，2005）。每一种模式产生的治理效用存在差异，Miles 和 Covin（2002）发现通过 CVC 投资的直接投资模式可与初创企业建立联系，有利于了解新市场、新技术，便于旧商业模式企业与新商业模式企业合作，获得税收优惠，提前挑选收购目标。Markham 等（2005）指出如果通过参股创业投资基金进行投资，无法控制被投资企业及了解其技术和市场，此种模式适合获取长期财务回报。Reichardt 和 Weber（2006）研究了德国公司创业投资部门的组织形式，发现部分公司创业投资部门与 IVC 投资十分类似，还有部分与集团公司附属的子公司相似。企业设立风险投资部门或机构的目的及预期收益决定了 CVC 投资存在的模式。

部分学者尝试对公司创业投资的投资模式进一步分类。Chesbrough（2002）根据 CVC 投资动机（战略导向、财务导向）和投资公司与被投资企业的运营关联度（紧密、松弛）两个维度，将公司创业投资分为四种模式，分别是 Enabling（授权型，"战略+松弛"）、Driving（驱动型，"战略+紧密"）、Emergent（浮现型，"财务+紧密"）、Passive（被动型，"财务+松弛"）。战略导向模式以公司长期发展和价值增值为主要目标，财务导向模式以获得巨额经济回报为主要目标；紧密和松弛指投资公司与被投资企业的资源、业务、流程的匹配度与关联度。通过不同的投资模式，投资公司可以拓展现有业务、开发互补业务、探索与现有业务有关联的新业务以分散风险，或者仅为获取财务报酬。

Anokhin 等（2016）按照市场匹配度和技术匹配度划分以上四类。市场匹配度指初创企业为投资公司带来的战略价值，即初创企业行业产出对投资企业行业产出的带动程度；技术匹配度指两类企业所拥有资源与能力的匹配度，即行业相关或不相关。研究表明：驱动型和授权型投资利用战略匹配效应，带来更多的创新机会，而浮现型和被动型投资不利于实现公司战略目标。Hill 和 Birkinshaw（2008）根据大企业对创业投资的定位，将 CVC 投资划分为外部探索者、外部开发者、内部探索者、内部开发者四类，当组织特征与战略目标匹配时，CVC 投资绩效优良，且内部开发者和外部开发者的存续时间最长。

（二）公司创业投资的目标与动机

成熟企业进行 CVC 投资的动机主要包括获取战略价值和财务回报。据 Reichardt 和 Weber（2006）的调查，德国追求战略目标的企业逐渐增加，追求财务收益或财务与战略平衡的企业比例在逐步下降。创业投资的战略目标涉及了解新市场和新技术、开发生产和销售潜力（Siegel 等，1988），识别新机会、开拓新业务（Sykes，1990；Mcnally，1994；谈毅和叶岑，2003），获取新技术和市场的窗口（Dileep 等，1992）。从组织学习和创新搜寻角度，研究者把 CVC 投资项目看作是外部研发活动的一种形式，投资企业通过该项目获取被投资企业的专利、技术、资源，提高其内部研发能力（Kann，2000；Lantz 等，2011）；CVC 投资项目有利于激发自身的创新效率，进一步利用内外部知识开发新技术、推出新产品、改进工艺流程（Chesbrough 和 Tucci，2004；Dushnitsky 和 Lenox，2005）。它还可以作为一个预警系统监控未来市场和技术发展的动向（Keil，2004；Wadhwa 和 Kotha，2006），对技术间断进行识别并作出反应。从创业与创造角度，CVC 投资项目提供企业了解创业创新活动最新发展的机会，有助于企业优化内部创业流程（Winter 和 Murfin，1998），在培育创业企业的过程中，促使被投资企业使用其产品、技术、刺激市场需求（Kann，2000），或通过初创企业主动创造市场、扩张市场，形成市场标准（Keil，2004）。相比内部创业，母公司通过CVC 投资能预知市场风险、感知外部不确定性、进行探索式学习和增加议价能力（Keil 等，2010）。

从实物期权角度，企业通过 CVC 投资建立增长期权，如果证实市场是重要和高价值的，就可以通过被投资企业进入新市场（Henley，2007）；作为技术市场的事前评价机制，创业投资可以了解潜在并购目标的详细运营状况（Benson 和 Ziedonis，2009），帮助公司选择未来的并购目标或专利许可伙伴（Ceccagnoli 等，2018），因此建立实物期权以识别并购机会是潜在并购者成为 CVC 投资的主要动机（Macmillan 等，2008）。从互补与竞争角度，CVC 投资使投资与被投资企业相互提供互补性资产（谈毅和全允桓，2005），增加投资公司与创业企业产品互补性，或者缓和与替代品的竞争关系（Riyanto 和 Schwienbacher，2006）。Napp 等（2009）总结了 CVC 投资对于投资方和被投资企业的财务价值和战略价值，其中创业投资有助于公司投资者获取新知识、技术、市场的探索性战略价值，以及获得互补性技术的开发性战略价值。此外，通过 CVC 投资项目消除了技术购买过程中，与技术方存在的信息不对称而产生的逆向选择（刘建香，2008）。

（三）公司创业投资的影响因素

1. 影响公司采用 CVC 投资的行业层面因素

Dushnitsky 和 Lenox（2005）发现 CVC 投资倾向于分销能力较强、投资技术含量高、知识产权保护较弱的行业。Basu 等（2011）发现处于自主研发不确定性高、竞争强度高和资产专用性低、产品易被替代行业中的企业更容易参与 CVC 投资活动。Tong 和 Li（2011）基于实物期权理论，发现市场不确定性与企业的 CVC 投资选择和收购选择之间存在正相关关系。当外部不确定性越大时，实物期权价值越大，企业越有可能进行 CVC 投资，而不是收购。尤其是增长快速和技术变革快的行业，企业研发投资增加，同时会增加行业的 CVC 投资交易数量（Sahaym 等，2010）。由此可见，企业通过 CVC 投资与外部创业企业合作成为抑制竞争对手 R&D 活动及应对不确定性的一种手段。创新和创业环境也会影响大公司参与 CVC 投资活动（Da Gbadjj 等，2015），Gaba 和 Meyer（2008）发现地理位置靠近风险投资发达地区的 IT 企业更可能采用创业投资模式。当整个风险投资行业、投资环境发生变化时，CVC 投资和 IVC 投资数量随之呈现波动（Gaba 和 Dokko，2016）。

2. 影响公司采用 CVC 投资的企业特征因素

Dushnitsky 和 Lenox（2006）的研究证实了 CVC 投资偏好行业关联度高、年轻、生命周期处于早期阶段的新创企业，但并非种子期的企业。Park 和 Steensma（2013）有不同观点，认为相比独立风险投资机构，公司创业投资更喜欢投资风险投资阶段在后期的和本身创新效率高的创业企业。在投资策略上，大公司偏好高投资金额、少投资轮次和联合投资（Dushnisky 和 Lavie，2010；Noyes 等，2014）。Aernoudt 和 San（2003）认为亲自运营管理的天使投资与寻求战略收益的公司创业投资一起共同投资才是最有效的，并且所选择的创始人尽量年轻、具有科学背景和管理才能。只有在种子期得到融资，创业企业才会充分挖掘专利开发能力，为大公司提供新技术和未来战略收益。

具体地，上市公司现金流越充足、吸收能力越强，越倾向于进行公司创业投资（Dushnitsky 和 Lenox，2005）；内部生产率较高的企业倾向于选择 CVC 投资，但是投资组合中偏向技术多元化的企业更有可能后续收购创业企业或许可贸易（Ceccagnoli 等，2018）。成熟企业（母公司）拥有的市场（名誉度、客户群体、品牌价值）和技术资源（生产设备、专利、人力资本）可以向市场传递积极信号，以吸引企业投资合作（Basu 等，2011）。创新绩效能否超过期望水平、较低的资产回报率会决定大公司是否进行风险投资（Da Gbadji 等，2014）。此外，集团公司行业多元化经验有助于企业筛选高财务回报潜力的创业企业，项目投资经验、分阶段投资、联合投资对筛选高战略回报潜力的企业均有帮助；拥有分阶段投资经验的企业更容易合理评估项目，对后期阶段投资较多的企业能积累更多经验（Yang 等，2009）。特别要关注的是，投资经理个人经验也影响投资活动，若投资人前期拥有风险投资经验，投资效果相对较好，而若其仅有公司从业经验，与最初目标的偏离度可能更大，投资效果波动也大（Dokko 和 Gaba，2011）。Sahaym 等（2016）发现高管团队异质性和高管持股比例正向影响 CVC 投资，高管团队异质性与公司投资活动呈倒 U 形关系。Anokhin 等（2016）对比 CVC 投资和 IVC 投资，验证董事会特征、CEO 薪酬、所有权特征都会影响投资模式，是否在董事会有多个席位和能否取得机构所有权都对 CVC 投资至关重要。

作为外部创业模式，社会资本、社会网络影响企业投资决策。Weber 和 Weber（2011）基于扎根理论发现，投资的社会网络有利于知识迁移与创造，但社会资本可能在各种遏制力量的共同作用下阻碍知识转移和创新。CVC 投资有群体效应，处于直接网络关系的企业可能进行创业投资，占据网络中心位置的企业更有可能从事 CVC 投资。Dushnitsky 和 Shapira（2010）发现 CVC 投资比 IVC 投资的项目地理集中度高，地域优势能提升产品市场优势获得更好的经济回报。母公司规模越大，所投项目地理分布越广，并且投资介入越早，项目地理位置集中度越高；联合投资网络范围越广，项目地理位置的集中度越低。

（四）CVC 投资退出方式与 IPO、并购

风险投资有多种退出渠道，如公开发行上市（IPO）、合并或收购，通过股息实现部分退出、回购投资者的股份、清算等。多位学者实证研究表明，通过 IPO 退出可以获得高收益，但并购退出的速度较快。选择退出方式还与投资者的控制权、经验、股份类型及创业家的控制权、乐观程度有关。

Lerner 等（2009）发现 1995～2005 年在全球可知的退出事件中，有 78.2% 的风险资本是通过收购方式退出初创企业，仅 3.5% 的企业上市。在北美，收购占到了私募股权退出方式的 72.6%，IPO 占比达 11.7%；在西欧，这一比例分别是 75.1% 和 10.4%。Brau 等（2003）观察了宏观经济因素和行业特点如何影响被投资企业公开发行上市还是被收购的选择，如果在

集中度高的行业（反垄断可能排斥并购）或者高科技行业，当IPO市场"火热"，而企业规模较大、债务成本很高或者企业家有较高的持股比例时，IPO发生概率较高。在高杠杆行业或金融服务行业，如果行业放松管制出现快速的产业融合，且投资者想迅速获得流动性时，收购更可能发生。Bayar和Chemmanur（2011）建立了一个退出选择的理论模型，如果企业拥有竞争力强的龙头产品，则选择上市，如果在市场竞争中不占优势，企业则选择被收购而退出初创企业。企业上市的平均估值会比收购所获得的估值高。Douglas（2008）根据1996~2005年223家欧洲风险投资企业的退出数据，发现风险投资选择能带来最大收益的退出方式，CEO倾向于选择IPO。投资人的控制权越强，选择收购退出的概率越大。当投资人可以控制董事会、更换创始人时，收购可能性上升30%，而当创业家有更多控制权、风险投资人经验较少时或所持股份是普通股而非可转换优先股时，IPO概率上升12%。

CVC投资的一个主要动机是通过CVC投资识别收购初创企业的机会，即CVC投资充当收购前信息收集的渠道，通过降低信息不对称来降低交易成本。因此，CVC投资也可能偏好以收购方式退出企业，并且倾向于收购投资组合内的企业。然而，在公众认知中有CVC投资支持的企业IPO估值更高，因此当CVC投资企业选择并购退出时，收购公告代表收购方下调预期的股权投资回报，市场负面效应显著。Benson和Ziedonis（2010）追踪了1987~2003年61家顶级公司投资者的530个并购案例，检验了公司使用CVC投资去识别潜在的收购目标这一假设，发现有近20%的企业会并购投资组合中的初创企业。然而令人惊讶的是，这些知名的公司投资者收购CVC投资组合中的企业得到了

0.97%的平均超额回报，从其他非 CVC 投资的被并购企业获得了 0.67%的正向超额回报。由于这是同一批"优质收购方"的并购结果对比，傲慢的投资人、较弱的公司治理或未成功引起竞争者的高价投标"赢者诅咒"均不能用来解释并购结果的差异。可能这与 CVC 投资的组织架构有关，CVC 投资以子公司、自主基金、专有部门或附属于某个部门的组织形式会导致项目产生代理问题，管理者了解项目后，由于更多的投资机会、交易流程和良好的培育经验，在并购时出现过度自信进而高估目标公司价值。另外，也许为了弥补投资低效，项目管理者会反复投资给较差的初创企业，出现向上的投资偏见。

与这个结论相反的是，Higgins 和 Rodriguez（2006）观察了 1994~2001 年 160 笔生命科学行业的并购案例，初创企业如果之前就是联盟合作伙伴，市场对其被收购的反应更积极，当收购方产品线比较单一时，正面反应尤其显著。以上两个研究的差异可能反映了行业间的不同规律，制药企业相对比较依赖这种外部的研发力量，更倾向无缝整合被收购的产品，这也体现了研发能力和技术创新能产生较大的并购收益。Masulis 和 Nahata（2011）使用事件研究法发现，公司创业资本投资支持的目标公司相比独立风险资本投资支持的公司及没有风险资本投资支持的美国公司，其并购方获得更高的公告收益。但是随着投资强度的增加，企业吸收能力有限，投资企业对初创企业并购绩效的边际提升趋于消失（Benson 和 Ziedonis，2009）。

二、企业技术创新研究

（一） 企业技术创新的内涵及分类

创新指在生产体系中引入新的生产要素组合，开展新活动提高资源配置效率，包括引入新产品、引用新技术、开辟新市场、引入原材料新的供应来源、实现工业的新组织（熊彼特，1990）。技术创新指与新产品制造、新工艺过程或设备的首次商业应用有关的技术、设计、制造及商业活动，包括产品创新——技术上有变化的产品的商业化；工艺创新——生产技术的重大变革，如引入新设备、新工艺及新的管理和组织方法；扩散——通过市场或非市场渠道传播创新（柳卸林，1993）。熊彼特在《经济发展理论》一书中提出创新是经济发展的根源，并开启了关于技术创新的经济学研究。

20 世纪 80 年代，英国 Sussex 大学的技术创新研究机构 Science Policy Research Unit（SPRU）基于重要性将创新分为渐进性创新（Incremental Innovation）、突破性创新（Radical Innovation）、技术系统变革（Technology System Change）、技术—经济范式变革（Techno-economic Paradigm Change） 四种类型（Dosi 等，1988）。其中技术系统变革和技术—经济范式变革对经济有深远影响，表现为新兴产业出现和经济周期波动。这一分类对后来学者研究有一定影响。

随着经济发展、技术进步和社会需求的变化，创新形式多种多样。商业模式创新、服务创新、供应链创新和管理创新等非技术创新也发挥了重要的作用，它们在技术创新的基础上发展而来，反过来推动技术创新进步，二者是相辅相成不断推进的关系。

（二）企业技术创新的测度

学者通常从创新投入、创新产出和创新效率三个方面衡量企业技术创新能力。创新投入包括资金投入和人员投入，一般使用研发费用、研发人员数量、研发费用占营业收入比例、研发费用占资产总额比例以及研发人员占比等绝对或相对指标来衡量（James 等，2006；解维敏和方红星，2011）。创新产出包括专利产出和新产品产出，衡量指标包括专利申请量、专利授予量、专利被引用量以及新产品开发数量和新产品销售收入（Acs 等，2002；周黎安和罗凯，2005）。黎文婧和郑曼妮（2016）的研究区分了专利申请类型，他们将申请发明专利的行为划分为实质性创新行为，将实用新型专利、外观设计专利的申请划分为策略性创新行为。研发效率也是衡量技术创新能力的重要方面，一般使用研发投入产出比来衡量，即投入每单位研发费用的新产品或者专利产出量，投入每单位研发人员的新产品或专利产出量（吴延兵，2012）。此外，企业技术资本存量能够反映企业技术创新的能力和潜力，即"技术资产÷资本总额"，其中技术资产包括专利、非专有或专有技术、自主研发资产（开发支出）和软件等（Mcgrattan 和 Prescott，2009；罗福凯，2010）。

（三）企业技术创新的影响因素

关于技术创新的研究十分丰富，本节从宏观经济、政策工具、中观市场、微观企业等角度阐述企业技术创新的影响因素和所带来的经济后果。

1. 宏观经济

Solow（1957）的索洛模型、Romer（1986）的知识积累理论均指出技术进步是经济增长的源泉和决定因素，同时，发明和创新互补、技术创新政策推动经济增长（Morales，2004；Iyigun，2006）。柳卸林（1993）、傅家骥（1998）从理论角度分析了技术创新和经济增长之间的关系。刘华（2002）、朱勇和张宗益（2005）从实证角度验证了专利制度对经济增长的贡献以及技术创新对经济增长影响的地区差异。赵树宽等（2012）加入技术标准这一影响因素，发现技术标准和创新促进经济增长，反过来经济增长提高了创新标准，进一步提升创新水平，三者是长期动态均衡关系。唐未兵等（2014）发现利用外资引进技术而产生的技术溢出和模仿效应有助于集合要素优势、提高效益，进而提升经济增长水平。进一步区分创新类型，梁丽娜和于渤（2020）验证了自主创新、模仿创新和技术引进与区域经济发展有正向空间相关性，随着产业结构升级，模仿和引进技术的促进作用放缓。在产业结构升级过程中，各产业提高技术创新投入和吸收能力，实现区域经济发展。

此外，外部环境的变化和经济政策的不确定会影响企业创新活动。顾夏铭等（2018）验证经济政策不确定性正向影响创新投入和创新产出，所产生的选择效应和激励效应，能促进企业研发投入、激励企业增加创新产出。环境不确定性增大企业经营风险

和财务风险，生存和发展压力迫使企业进行创新（Damanpour 和
Evan，1984；Tidd，2001）。但是过大的外部环境波动会挤出研
发投入，二者可能呈倒 U 形关系（袁建国等，2015；刘婧等，
2019）。当企业面临融资约束较大时不利于企业进行创新，然而
金融发展可以缓解这一不利影响。银行业市场化改革、地区金融
市场的发展拓宽了企业的融资渠道，增加了创新活动资金来源，
推动了企业研发投入（解维敏和方红星，2011）。金融市场发展
还可以提高企业技术创新绩效。孙伍琴和王培（2013）认为银行
规模壮大、中介机构成熟，金融市场结构完善、股票市场流动性
提升均能保证对企业的长期资本供给，且对技术创新有正向影
响。金融生态环境的促进作用在东中部地区优于西部地区。

经济全球化加快了跨国企业间的资源流动性，吸引跨境资金
流入。研发国际化有利于企业在全球市场接触先进知识和技术领
先企业，获得异质性创新资源及多样化学习机会，通过拓展现有
技术用途或实现技术追赶来提升创新绩效（Guan 和 Chen，2012；
Hsu 等，2015）。李梅和余天骄（2016）证实在信息技术业，研
发国际化提高了我国跨国企业的创新绩效。中国的巨大市场和机
会吸引外商直接投资（FDI），外资进入中国产生的溢出效应、锁
定效应和竞争效应提升了产业链上下游内资企业的创新数量和创
新效率（诸竹君等，2020）。同时，诸竹君等（2020）发现中国
银行业对外资开放，可利用外资的"鲶鱼效应"和国际经营网络
增强行业内竞争、有效配置信贷资源、降低下游企业融资成本和
贸易成本，突破国内企业"重数量轻质量"的创新陷阱。

2. 政策工具

促进技术创新的政策工具包括政府资助、研发税收优惠、人
力资本供应等。许多学者对各类政策的有效性进行了实证检验，

具体如下：

企业研发活动具有外部性，即高风险、高成本和较高不确定性。整体来看，来自政府的支持可以降低研发风险，弥补研发不足，提升企业技术创新能力（Czarnitzki 和 Licht，2005）。但是 Girma 等（2007）认为政府介入了本身可以由企业独立投资的领域，在一定程度上私人投资被挤出。楚尔鸣和鲁旭（2008）、白俊红等（2009）认为当企业投资效率高于政府时，政府的投资不利于提高产出。安同良等（2009）认为当政府使用研发补贴激励企业自主创新时，部分企业存在传递虚假创新信号的策略性行为，尤其是当二者信息不对称时，这是一场信息包装与甄别的博弈。肖文和林高榜（2014）认为政府支持对技术创新活动本身是有利的，但是政府偏好远期、战略性的技术研发，而企业偏好于有市场前景的领域，技术偏好不同导致研发资源配置效率下降，进而各类来自政府的支持并不利于提升制造业行业的技术创新效率。杨洋等（2015）发现在民营企业和要素市场非最优配置的地区，政府补贴对创新绩效的促进作用更大。长期来看，地方政府基础设施的完善扩大产品市场规模，市场机会刺激大企业研发投入，有利于中国经济增长方式的转型（蔡晓慧和茹玉骢，2016）。叶祥松和刘敬（2018）认为政府应大力支持科学研究以促进企业全要素生产率。苗文龙等（2019）指出提高技术创新型企业技术研发投资的比重可促使本国经济由粗放投资型转向高质量创新型，当企业技术投入率达到一定比例时政府对创新的财政支出发挥助推作用的效率会更高。

Bloom 等（2002）、Slemrod 和 Wilson（2009）跟踪法国、葡萄牙等慷慨资助创新活动国家的数据发现，整体来看，针对研发的税收下降会使企业研究与开发支出相应增加，税收优惠措施可使研发成本降低三成。通过对我国制造业企业数据进行实证分析，冯海红等（2015）认为政府税收优惠政策对研发投入的正向激励作用仅发生在一定的政策力度范围内，在大企业、低国有产权和高知识技术密集度企业中，税收优惠政策引导作用更有效。由于我国企业普遍面临融资约束，王春元和叶伟巍（2018）发现融资约束的负效应抵消税收优惠对自主创新的激励作用，税收优惠政策的调整难以产生预期效果。税收优惠与政府补贴通常作为组合产业政策工具使用，王桂军和张辉（2020）发现二者组合激发了上市公司的寻租行为和政企之间的逆向选择问题，挤出研发投入不利于提升企业创新能力，同时，市场竞争可以优化企业间的研发资金配置效率，增加补贴的公平性，减弱组合工具的负向影响。余明桂等（2016）、曹平和王桂军（2018）认为"五年规划"中的选择性产业政策可以激励企业创新，延长创新生存时间，但是容易导致企业忽略创新质量、重视创新数量，出现策略性创新（黎文靖和郑曼妮，2016）。

企业增加创新活动的同时需要增加相应的研究人员，人力资本供给充足会导致创新活动数量的提高。同时，人才供给充足降低了人力成本，间接促进了创新（Bianchi 和 Giorcelli，2018）。Hunt 和 Gauthier-loiselle（2009）认为通过扩大大学招生规模和放宽技术移民增加人力资本供应是一项十分有效的创新政策。李建强等（2020）考察了最低工资政策对创新效率的影响，在高市场化地区、行业竞争激烈和劳动密集型企业中，最低工资优化企业人力资本，改善了高、低技能工人就业结构，最终提高企业全要素生产率。从人力资本迁移的视角，王春杨等（2020）的研究验证了高铁建设和开通加速了城市之间的人力资本迁移、重塑了区域创新。易明和吴婷（2021）认为人力资本达到一定水平后能够吸收配置过多的研发资金，减缓研发资源配置扭曲程度，因此应加大教育培训、提高人才素质，以"人力资本红利"代替"人口红利"。李晨光和张永安（2014）的研究验证了区域创新政策中政府补助、创新人才资助以及税收优惠、高端人才税收补贴和研发软硬件扶持都对企业创新的专利产出效率和创新收益起到了积极作用。余明桂等（2016）认为产业政策促进企业技术创新，通过信贷融资、税收政策、政府补贴和市场竞争机制对中央"五年规划"中重点鼓励行业以及民营企业的技术创新影响更大。陈强远等（2020）检验了包括创新驱动发展战略在内的"一揽子"技术创新激励政策是否真正激励创新的数量和质量。

3. 行业和市场

关于垄断、竞争和创新，由于研发活动及费用集中于大型企业和机构，Schumpeter（1942）认为垄断有利于创新，如果企业在经营活动中没有保留剩余资金，无法也不愿意承担有风险、不确定性高的创新；市场势力大的企业以充足的利润支持研发活动，高集中度产业的研发强度也高。Arrow（1972）提出了不同观点，认为竞争行业比垄断行业存在更强的创新激励，垄断阻碍技术进步。Aghion 等（1997）认为市场与竞争是倒 U 形关系，当行业初始竞争较低时，企业为了垄断被迫进行创新来防御其他竞争对手，行业竞争程度与研发投入成正比；当行业竞争程度提高，超额利润下降，研发能力下降，激烈的竞争减少了创新收益，此时行业竞争程度与研发投入成反比，因此二者是非线性关系。朱有为和徐康宁（2006）针对高技术产业使用随机前沿生产函数测算研发效率，认为规模和充分的市场竞争能够提高技术创新效率。聂辉华等（2008）在考虑规模后发现，规模、市场竞争与创新之间均呈倒 U 形关系，当企业内部积累较多的冗余资源时，市场竞争即推动组织冗余转换为研发投入（解维敏和魏化倩，2016）。戴魁早和刘友金（2013）认为随着市场化程度的提高，资源配置效率提高，技术进步加速、创新效率提高。

　　企业创新行为受多方面因素影响，张宗庆和郑江淮（2013）发现中国制造业企业创新行为是由产品需求的价格弹性、自主研发与引进技术所需资本的利率弹性综合考量产生的，规模越大，企业进行创新的意愿越强，大规模企业倾向于引进技术、吸收再创新，小规模企业倾向于自主研发创新，中等企业介于二者之间。罗福凯等（2018）的研究证实了企业为保持竞争优势、获取决策信息，其研发投入程度存在同侪效应，易受同行业同地区企业的影响。尤其是市场地位和风险承担能力均较低的企业更容易追随其他企业开展研发活动。此外，产业集群有利于形成企业间创新活动的协同效应，李大为等（2011）认为通过产业集群网络进行技术创新比传统线性模式效率更高。万幼清和王云云（2014）进一步阐述了产业集群协同创新系统中企业在创新决策、协同效应形成、协同运作与成果共享四个阶段的竞争与合作关系。企业具备的研发、资源整合、引领创新和市场应变等能力及产业集群的属性、组织模式等是影响竞合关系的关键因素。

　　中国区域创新能力分布不均衡，东西部地区技术创新效率差异较大（柳卸林和胡志坚，2002；池仁勇等，2004）。除区域经济、金融、教育发展不同步外，法治环境也是影响创新的重要因素。高楠等（2017）使用地市级面板数据证实，技术市场成交额和贸易额、知识产权保护对地区创新活动的激励较大。关于知识产权保护的执法力度，学者研究存在不同观点。例如，Park 和

Ginarte（1997）从知识产权的范围、签署国际条约的数量、产权保护的时间、执法的机制以及限制这五项指标构建了 110 个国家的知识产权保护（GP）指数。此后，多位学者使用该指标并发现严格的知识产权保护有利于推动全球技术创新（Kanwar 和 Evenson，2003；Park，2005），但是并不利于发展中国家企业的技术发展。王华（2011）使用发达国家和发展中国家的面板数据进行实证检验发现，过于严厉的知识产权保护规定降低了技术创新速度。由于产权制度在不同资源禀赋的国家之间存在差异，在发达国家中存在的最优知识产权保护力度，在发展中国家却可能会损害长期利益。吴超鹏和唐菂（2016）通过上市公司数据的实证检验发现，各地区加强知识产权执法力度可以缓解企业外部融资约束、避免企业研发溢出损失，进而增加研发投入和专利产出，提高创新能力和未来财务绩效。

企业可以从外部市场和行业其他企业获取创新资源，即开放式创新，它是指在企业内外部广泛寻找创新资源，利用企业能力整合各类资源，将内部技术使用内外部渠道进行商业化或多渠道发掘市场机会的创新模式（Chesbrough，2003；West 和 Gallagher，2006；高良谋和马文甲，2014）。在经济全球化背景下，大企业不再具备垄断创新的能力，采用开放式创新模式的企业越来越多。同时，企业关键技术泄露，技能被模仿的风险增加，知识产权保护尤为重要。并购是开放式创新和外部创新普遍采用的一种方式，它通过企业间的资源重组，促使行业内结构调整与产业重构，影响并购企业所在行业和相关行业的创新（陈爱贞，2020）。风险投资也是一种影响创新的外部资源。企业创新活动具有较大风险和不确定性，而风险投资偏好高收益、能够承担高风险，对于失败具有较高的容忍度，技术创新类企业是其投资首选（Tian 和 Wang，2014）。武巧珍（2009）指出风险投资为科技创新型企业不仅提供资金支持，而且利用其强大的社会关系网络为企业提供增值服务。风险投资促进资本与技术融合，参与管理及提供经营指导，为企业自主创新分散风险。苟燕楠和董静（2013）认为风险投资越早进入企业，对被投资企业的技术创新影响越显著。从区域层面，陈鑫等（2017）发现外资风险投资推动技术进步、民营风险投资改善技术效率，进而提高全要素生产率。

4. 企业特征

关于企业特征与创新的研究十分丰富，如周黎安和罗凯（2005）研究企业规模与研发活动的关系。高良谋和李宇（2009）研究企业规模与企业技术创新的关系。张洪辉等（2010）研究公司治理如何影响创新效率。鲁桐和党印（2014）将公司治理与行业特征匹配，分行业比较公司治理中股东持股、基金持股和董事监事高管持股比例对技术创新的影响。两位作者发现在资本密集行业中，国有大股东持股促进研发投入；在技术密集型行业中，对核心技术相关人员的股权激励可以促进创新；在两个行业中，董监高的薪酬激励效果均较好。此外，市场化环境是企业创新的重要外部推动力量。李春涛和宋敏（2010）的研究证实了国有性质的制造业企业在创新投入和产出上更有优势，CEO 的薪酬激励促进企业创新。罗思平和于永达（2012）认为拥有海外留学经历或海外工作经验的高管有意识加强企业知识产权保护，这显著提高新兴产业及民营企业的技术创新能力。何瑛等（2019）认为 CEO（首席执行官）职业经历丰富度是值得考虑的因素，跨地域和行业、跨企业甚至跨部门经历有利于高管积累丰厚的社会资源，复合型职业经历提高了其风险容忍度和风险偏好，进而影响企业创新水平。

学者针对不同机构投资者（温军和冯根福，2012）、大股东治理（唐跃军和左晶晶，2014）、民营化股权结构（李文贵和余明桂，2015）、混合所有制的决策权配置（王京和罗福凯，2017）对公司创新的影响展开研究。在融资结构方面，李汇东等（2013）讨论了企业使用谁的钱进行创新，岳怡廷和张西征（2017）分析异质性企业创新投入资金来源，鞠晓生等（2013）则关注了融资约束、营运资本管理与企业创新的可持续性。此外，过去几年的一些经济现象也成为研究热点。例如，当手头资金紧张时，控股股东发现股权质押是一种迅速又低成本的融资渠道；企业为了寻找新的利润增长点或响应国家产业政策，纷纷展开多元化经营；当金融资产回报率高于实体投资，实体企业倾向于进行金融资产配置。相关研究表明，大股东股权质押、多元化经营、实体企业金融化均挤出企业研发投入、抑制创新活动（张瑞君等，2017；王红建等，2017；杨兴全等，2019）。

中国企业经历了技术引进、技术模仿等阶段，具备能力和资源开展自主创新。肖利平和谢丹阳（2016）认为相比国内技术购买，自主创新投入显著影响新产品创新增长。吸收能力越强，国外技术引进对企业技术创新的积极作用越明显；吸收能力越弱，国外技术引进对本土创新呈现替代效应。曲如晓和藏睿（2019）发现自主创新拉动我国制造业出口质量升级，外商直接投资生产出口的高质量产品、中国进口并再加工高质量中间品均能提升高技术行业出口产品质量；并且在鼓励创新创业政策的指引下，创业个体的精神和学习能力对组织有重要影响。陈逢文等（2020）认为创业者的个体学习及创业团队层面的组织学习、个体学习与组织学习的单双环互动均影响企业创新行为。李政和刘丰硕

（2020）发现企业家精神对直辖市、省会城市、东部地区及高科教水平城市的全要素生产率有明显提升。

新的技术革命带来了崭新的创新形式，如互联网与创新结合、数字金融与创新结合诞生新的商业模式和技术应用领域。罗仲伟等（2014）认为互联网企业抓住技术范式改革的机遇，利用动态能力进行组织外搜寻与学习、整合资源，与竞争者、客户、供应商等利益相关者协同创新，通过累积渐进式的微创新产生质变，实现颠覆性创新和价值创造。姚明明等（2014）认为新颖和高效的商业模式有助于后发企业发挥优势、克服劣势，设计商业模式优先匹配企业创新战略，提升后发企业技术追赶绩效。唐松等（2020）发现数字金融发展通过有效降低企业融资成本和融资难题，修正传统金融的资源错配问题，促使企业去杠杆、稳财务，驱动企业技术创新。同时，唐松等（2019）发现金融科技（Fintech）技术的创新提高了金融服务质量及资源配置效率，通过大数据、分布式技术（区块链、云计算）、人工智能、移动互联、万物互联等技术与金融领域的融合，可以缓解信息不对称问题。金融科技拓宽金融服务的应用，产生的金融新业态、新业务模式提升本地区全要素生产率。由于空间技术知识溢出性，金融科技的网络化发展加速技术知识流动和产业集群发展，提高了周边区域的全要素生产率。大数据、物联网、人工智能和通信技术的结合催生了数字经济，颠覆性创新的数字经济具有全新生产技术和商业模式，冲击传统经济的同时，对其产生技术溢出效应，有利于传统经济数字化转型，提升社会总福利（许恒等，2020）。

三、公司创业投资与企业技术创新及经济后果研究

（一）公司创业投资与技术创新

1. 公司创业投资对技术创新的直接作用

大企业通过构建投资组合，可以从不同企业处获取外部信息、技术（Hellmann，2002），提高母公司外部知识吸收和自身研究开发的能力。组织间学习和知识溢出效应是公司创业投资对企业技术创新产生促进作用的重要机制。根据现有知识积累与接触新知识的相关程度，Schildt 等（2005）将企业的组织间学习划分为开发式学习和探索式学习两类。通过创业投资，母公司循序渐进的学习，获得和现有认知水平接近的新知识，即开发式学习（Exploitative），深化已有的能力；同时，母公司通过投资对新兴技术、市场进行探索，搜寻新机遇，即探索式学习（Exploratory），这些颠覆以往认知架构，在更高层次的认知平台上开发新技术和新市场。Schildt 等（2005）比较了公司风险投资、联盟、合营和并购等多种组织形式，认为探索性学习适合希望通过外部投资提升组织创新性的企业。公司风险投资项目是相对独立、专项的，可以灵活整合知识和信息，提高投资者创新绩效。Dushnitsky 和 Lenox（2005）对此进行了开创性研究，通过实证检验了美国上市公司相关数据，发现公司创业资本的投资规模正向影响投资企业的创新比率，知识产权保护、吸收能力会加强或减弱

上述影响。投资公司通过以下途径向被投资企业学习：投资前的尽职调查有利于充分了解新创企业；投资后进入董事会，有针对性地学习新技术；即使投资失败也积累了创业失败的经验。多位学者的实证研究支持了以上结论。Keil 等（2008）发现这种正向作用受行业相关度影响，对于 1993~2000 年美国信息通信技术行业的企业来说，在相关行业内 CVC 投资数量与投资企业专利申请数量显著正相关，在不相关行业中二者显著负相关。

Dushnitsky 和 Lenox（2006）发现基于战略目标的 CVC 投资比基于财务目标的 CVC 投资为母公司带来的价值更多。其更关注组织之间的学习，基于财务目标的 CVC 项目不注重投资企业的知识学习，仅关注获取投资的财务绩效。但当投资规模不断增大，企业本身的吸收能力有限、能够使用的资源有限，反而不利于投资企业进行技术创新。因此，出于战略协同效应的创业投资与其自身技术创新可能存在倒 U 形关系。Wadhwa 和 Kotha（2006）认为由于投资企业吸收能力不同，且创业投资项目管理人员认知能力有限，投资组合中项目数量过多不利于创新管理，促使投资数量对技术创新的促进作用呈现先增后减的趋势。Lee 和 Kang（2015）认为 CVC 投资的创业企业组合多元化会影响创新绩效。此外，Vanhaverbeke 等（2008）使用实物期权理论分析 CVC 投资在加快了投资企业创新步伐的同时降低了风险。Maula 等（2013）发现投资企业与知名度高的独立风险投资机构形成联合投资，有益于构建丰富的社会网络和通过投资识别各类型技术。Chemmanur 等（2014）指出正因为 CVC 投资对于初创企业有更大的容忍度，并且投资企业与被投资企业有充分的技术契合，公司创业投资才能达到促进技术创新的目的。

CVC 投资活动对创新绩效的影响存在递延期，林子尧和李新春（2012）使用 2000~2002 年沪深制造业上市公司参股或控股创业投资机构的 CVC 投资活动数据，验证其对 2006 年企业创新绩效的影响，发现投资金额与发明专利申请量成正比。万坤扬（2015）将 CVC 投资定位于一种搜寻外部知识源的机制，通过上市公司参投 IVC 投资的数据发现，过去 4 年 CVC 投资组合公司数量与公司专利申请量正相关，吸收能力、卷入强度起积极调节作用。还有学者认为公司创业投资可以促进投资企业的技术创新绩效，但是二者并非线性关系。基于实物期权理论，乔明哲等（2017）认为较多数量的公司创业投资已经覆盖了广泛的技术领域和技术发展方向，再增加投资规模带来新技术资源的可能性降低，此时实物期权的相对价值会随着新增公司创业投资边际收益的下降而降低。其实证结果表明，公司创业投资次数与投资企业专利申请量之间存在着显著的倒 U 形关系。近年来，国内新兴"PE+上市公司"的创业投资模式。基于组织间学习视角，康永博等（2017）以上市公司与风险投资合伙成立的产业并购基金为研究样本，发现 CVC 项目投资规模与企业专利授予量之间存在倒 U 形关系。风险投资声誉、行业不确定性增加、投资企业参与程度会影响企业利用 CVC 投资活动进行组织间学习的积极效用。

2. 内部创新与 CVC 投资的交互影响

CVC 投资作为外部创新的一种方式，与内部研发投入有交互影响的作用，可以提升内部创新效率也可以替代内部创新。Schildt 等（2005）通过案例研究证实，企业从外部创业投资活动中获得的知识，必须经过内部吸收重构才能转化为适合自身企业的知识，并由此衍生出新的能力。因此，CVC 投资对技术创新的促进作用只有依赖内部学习能力才可以被高效地利用和转化。Dushnitsky 和 Lenox（2005）、Laursen 和 Salter（2006）认为企业外部创新活动获取的知识、技术与企业内部研发存在互补关系。Basu 和 Wadhwa（2013）认为当企业内部能力较强，并拥有雄厚的技术实力，就较容易识别初创企业的价值，形成合作关系。然而，Kim 等（2016）基于美国 IT 行业数据发现，当市场竞争激烈时，公司多采用创业投资模式进行创新，同时内部研发投资减少。这说明 CVC 投资作为外部创新可以作为内部创新活动的替代机制。

（二）公司创业投资与企业经济后果

CVC 投资的战略目标和财务目标的实现方式可以分为两大类：一是通过创业投资实现组织间学习、知识迁移、技术溢出等知识创造和技术创新活动，获得战略收益；二是通过创业投资带来新的市场、新的业务，形成联盟、并购活动，促使投资公司成长及价值增值，从而获得财务回报。以下从综合绩效阐述研究观点。

Gompers 和 Lerner（2000）记录了 CVC 投资在 20 世纪八九十年代早期的发展，发现 CVC 投资是高度周期性的，当 CVC 投资有清晰的战略焦点时，CVC 投资支持的公司和一般风险资本支持的公司一样成功；当投资属于他们关注的技术范畴之外，CVC 投资支付更高的溢价给初创企业。Dushnitsky 和 Lenox（2005）从组织学习角度发现，CVC 投资有利于大企业检测、追踪技术，是获取技术的窗口，并且在设备、半导体、计算机行业，CVC 投资与企业价值创造正相关。Riyanto 和 Schwienbacher（2006）使用博弈论论证投资企业可通过创业投资实现自身产品与被投资企业终端产品之间的互补，从而提高自身产品在市场中价格调整的空间。Allen 和 Hevert（2007）发现 1990~2002 年美国 IT 企业投资回报呈现波动状态，投资进入时机、投资规模、增减投资即投资时机均影响投资收益。Kang 和 Nanda（2011）尝试估计 CVC 投资的公司战略和财务回报，通过德勤咨询的 Recap 数据库聚焦于医药行业，两作者测算了 1985～2005 年 CVC 投资支持的 71 家医药企业的收益率，发现财务回报和战略回报是互补的。

Yang 等（2009）、Yang 等（2014）指出投资组合技术多样性、企业多元化均与母公司成长价值呈倒 U 形关系，而融资约束积极调节二者的关系。Lin 和 Lee（2011）发现台湾技术型企业投资组合的多样性、投资与被投资企业战略关系、核心业务间的关联度，与投资企业未来成长性正相关。Titus 和 Anderson（2018）基于权变理论发现，外部环境和创业企业的运营方式影响投资公司的价值创造。Mohamed 和 Schwienbacher（2016）则发现投资企业在宣布 CVC 投资项目公告后带来了显著的平均超额收益。De Bettignies 和 Chemla（2008）从不同视角关注 CVC 投资项目如何帮助公司吸引和留住高水平的经理人，并间接增加公司价值。

还有学者实证检验了 CVC 投资活动中投资目标与投资模式的关系，二者的不同匹配方式可能对投资企业的价值产生影响。陆方舟等（2014）基于沪深上市公司 1999～2010 年 277 笔 CVC 投资数据发现，创业投资的目标并不影响投资企业价值，但是投资模式显著影响企业价值，而投资目标与模式对企业价值存在交互影响。即一方面，参股风险投资机构的模式或直接投资模式更适合财务目标投资。首先，控股风险投资机构的模式对企业管理能力要求高，国内企业普遍缺乏完善的项目管理制度和丰富的创业投资行业经验，无法达到满意的财务收益。其次，控股风险投资机构的企业出于战略目标采取的非相关多元化可能产生负面影响，控股链条中存在代理风险。另一方面，直接投资模式或控股风险投资机构的模式适合战略目标的创业投资，根据战略需要有针对性地选择目标企业；而参股风险投资机构无法自由选择目标企业，不直接接触初创企业，不利于战略价值的创造。

四、总体述评

国内学者研究主要集中于风险投资，对 CVC 投资的研究有限。早期学者大量翻译、介绍了国外学者的研究成果，从不同方面总结了 CVC 投资的模式、动机及目标。后期学者从博弈论、实物期权理论等方面采用理论模型推导的方式进行实证研究，评价了 CVC 投资公司与创业企业的关系。也有学者通过档案研究和调查访谈取得数据，从投资与被投资企业视角对 CVC 投资绩效与技术创新关系进行了实证研究。关于 CVC 投资对技术创新的影响，学者基于不同视角得出了不同的结论。

大多数研究从公司投资者角度，仅考虑参股或控股风险投资机构的 CVC 投资，从投资企业直接投资角度的研究非常少。由于没有标准的数据库，数据来源多种多样，有手工取自年报公告、有使用机构数据库，还有文章使用产业并购基金数据。数据大多集中于 2011 年以前，而 2008~2017 年是 CVC 投资发展的高峰期。由于使用方法、数据来源不同，早期研究与后期研究结论存在差异。国内学者的研究角度很丰富，如组织学习角度、多元化组合角度、实物期权角度、互补性资产角度等。但普遍没有考虑中国 CVC 投资市场的发展阶段和特殊性，未注意到外部环境变化对 CVC 投资机制的影响，如政策导向、资本市场变化的因素对 CVC 投资发挥作用的影响等。

关于技术创新，国内外取得了丰富的研究成果，涉及宏观经济环境、激励创新的政策工具、行业、市场竞争、企业特质以及一些特殊经济现象。本书仅介绍了技术创新的研究成果，而非技术的创新模式却越来越重要，如商业模式创新、服务创新也推动新技术的产生。由于许多创新模式无法量化，较难追踪其在经济活动中的作用。未来研究可关注在移动互联时代和新经济形式下涌现的技术和非技术创新模式，以及各类风险投资机构的各种风险投资模式在促进企业创新活动中的不同作用。

第三章
理论基础、创业投资发展历程与典型案例

一、理论基础

公司创业投资是一种企业间正式的联盟关系。投资和被投资企业通过 CVC 投资进行信息交换和新知识创造，搜寻、识别技术、市场和业务机会来刺激、提高公司创新和促进公司价值成长。CVC 投资公司在投资金额、投资时长、投资轮次、是否增加多轮投资、终止投资的决策中获得了多项实物期权，初创企业在获取资金的同时，获得丰富的经验支持和强大的组织支撑，"CVC 投资公司—CVC 项目—初创企业"三方在双重委托代理关系博弈下争取达成战略协同、资源共享。基于此，公司创业投资研究涉及的理论基础包括资源基础理论、企业联盟与战略管理理论、知识溢出理论、组织学习与创新搜寻理论、实物期权理论、委托代理理论、生命周期理论等。

（一） 资源获取与战略联盟效应

企业拥有的有形或无形的，高价值、稀缺、难以模仿和难以替代的资源是企业获得竞争优势的基础（Wernerfelt，1984；Barney，1991）。当环境不确定时，企业特有的资源和能力可使其保持可持续性的竞争优势。然而，资源在企业间分布不均匀，独特、异质的资源在企业间转移需要较大的成本，通过市场交易获取资源比较困难。根据社会交换理论和资源依赖理论，企业可以通过发展组织间关系来应对环境的变化，如与供应商、客户、银行形成关系网络，获取信息开发新的增长机会，或者与其他企业发展联盟来获取资源（Ahuja，2000）。CVC 投资可视作一种企业间达成的战略联盟，彼此基于自身不拥有或获取成本过高的特定竞争资源形成合作关系，获取资源、改善资源配置、提升发展速度。CVC 投资实质上是一种以小博大的探索性活动，使用相对较少的资源投入到不确定性较大但是开创性较强、潜在资源丰富的创业企业中，虽然失败风险高，但是失败损失小。

CVC 投资与 IVC 投资的最大不同点是强调战略回报。一方面，投资公司与初创企业可以形成企业战略共同体，在开发现有资源的同时快速获取外部创新资源（Maula，2001），通过二者的战略协同效应，提升创新效率。投资公司可以运用投资组合来获取不同类型的知识、资源、创新能力，以降低投资风险。初创企业也可以接受多方投资，获取多方面的经验和支持。此外，CVC 投资通过接触创业企业技术和资源，可以密切关注市场变化与技术变革，识别市场推出的新产品、涌现的新技术、了解市场趋势及最新发展方向，这有利于获得新机会和潜在利润增长点，激发额外的企业创新活动。创业企业也可以成为投资公司新技术、新想法的试验田，以低成本获得试错机会。另一方面，投资公司可以选不同行业、与现有技术无关领域的初创企业作为拓展新业务、发展多元化的探路石，使其成为战略地图的一个分支，帮助企业分散和抵御风险（Ivanov 和 Masulis，2011）。如果未来发展与企业战略不符，出售止损即可。此外，企业与其他机构合资成立创业投资机构、合伙成立风险基金，即形成企业联盟，彼此学习、合作促使双方利益最大化。而在投资过程中与其他企业的联合投资、跟随投资，也为企业提供信息获取平台，节约信息搜寻成本。

（二）知识溢出与组织间学习效应

企业是知识的承载体，知识是企业最重要、关键、核心和有价值的资源（Grant，1996）。企业拥有存量知识和流量知识，存量知识是企业内部积累的知识资产，体现在企业拥有的专利、技术、商标、人力资本上；流量知识是流入企业能够被吸收和固化为存量知识的资源。企业不仅通过内部经验性学习活动获取新的知识流，还有必要从组织的不同部门或跨越组织边界进行知识转移。例如，通过人力资本流动、技术转移、专利改进、企业间交流、战略联盟、合资、授权许可等进行知识交换。不同企业拥有的异质性知识带来了不同的竞争优势，为了维持竞争优势、获得长足发展，组织内部和组织间地学习以创造、更新、积累知识十分必要。CVC 投资活动提供了组织间知识转移和交换的可能性，是企业创造新知识和新信息的来源。一方面，CVC 投资项目类似一个学习工具，帮助投资公司从初创公司引入新知识、新业务并激发内部技术创新，为投资公司提供了一个监控市场和技术变化的窗口（Dushnitsky 和 Lenox，2005）；另一方面，投资公司丰厚的知识和经验通过 CVC 投资项目转移到被投资的初创企业，初创企业通过观察和模仿学习加深对产品和市场的了解，弥补经验欠缺（Maula 等，2009）。CVC 投资打造了一个知识双向流动的平台，恰当使用会促使双方快速成长。

组织学习是一个吸收新信息并整合固化于现有知识的搜寻过程，通过组织惯例来发现环境中的机会，改善当前技能、发展新的能力和知识基础以应对环境变化。组织搜寻分为近距离的开发搜寻和远距离的探索搜寻。开发搜寻指局部搜寻，强调既有经验的提炼和选择；探索搜寻指非局部搜寻，强调通过有计划的实验发展新知识和能力。两种搜寻方式构造了不同的学习方式，即开发性学习和探索性学习。然而，针对既有经验的开发搜寻有可能使企业形成惯性思维模式，导致短视。知识存量的减少导致渐进式创新能力退化，限制企业突破性创新。而探索性学习强调远离现有知识，通过产生变异来学习、创新。因此，超越组织边界进行远距离搜索和探索性学习对企业进行快速创新更有效率。通常情况下的探索搜寻和远距离搜寻成本高、风险高、不确定性高，而 CVC 投资活动提供了一个低成本、高弹性的组织学习通道，从资产的占用程度来看，其远小于并购、合资、非权益联盟等其他组织学习渠道。投资企业可获得与现有知识基础接近的知识，进行开发性学习；获得新兴技术、市场相关知识进行探索性学习。CVC 投资还可以作为预警机制，帮助管理者关注不连续的技术变革（Maula 等，2013）。同时，获取外部知识源的能力、知识流动速度、接受者的吸收能力会影响探索式学习。

（三）实物期权与生命周期理论

实物期权（Real Option）指企业对未来的投资机会有选择

权，拥有在未来某个时点去买或卖资产的权利，其被广泛用于企业战略研究中，适用于各种设定条件下的不可逆、不确定性大的投资决策问题。实物期权分为增长期权、转换期权、延迟期权、放弃期权四种。创新和创业本身具有较高的不确定性、风险性和连续性，不同的创业企业可以构建一个期权组合来为投资企业搜寻创新机会（Ireland 和 Webb，2007；Vanhaverbeke 等，2008），并且有效避免探索活动与现有业务之间的冲突（Chesbrough，2002；Keil 等，2008）。CVC 投资公司通过较小的初始投资投入风险较大的新技术、新项目，相当于创建期权，待投资项目前景明朗时加大后续投资以待项目不确定性降低至可以接受的程度，即获得增长期权。如果接触到更好的投资机会而拓展新业务，则产生转换期权；如果初创企业发展遇到阻碍，可以推迟投资，等待进一步的信息确认再进行下一轮投资，则项目具有了延迟期权价值。最终投资公司根据失败容忍度、资金预算、战略规划选择多轮投资或者放弃投资，即获得延迟期权及放弃期权。CVC 投资拥有自由选择投资时点的权利，分阶段投资模式降低了投资的沉没成本。

与其他组织相似，企业的形成与发展具有类似生命体的形态，不同阶段的组织特征、战略目标、经营活动各有不同（Miller 和 Friesen，1984）。根据企业生命周期理论，企业的发展阶段一般划分为初创期、成长期、成熟期和衰退期。位于初创期的企业首要目标是创造一个竞争力强的新产品或开拓新市场，保持生存状态。创业者充满创造力和冒险精神，注重在细分领域的专有技术打磨，但其资本实力较弱、资源紧张、无暇顾及对外投资。成长期企业业务迅速扩张、产品线逐渐丰富，侧重细分市场顾客的需求。虽然资金面仍然紧张，但是组织保持创造力，决策者可能产生拓宽市场、行业融合、实施多元化战略、做大做强的想法，存在对外投资的需求。成熟期企业需要保持和提升在市场中的地位，增加利润率。此时企业拥有充足的现金流，但是组织活力和创造力、冒险精神衰退。为了寻找新的利润增长点，企业开始对外投资、积极创新、跨行业多元化发展，树立企业形象、提升知名度。衰退期企业组织内部矛盾凸显、经营效率低下，决策保守。此时，企业疲于应对高负债率和低利润率甚至亏损，对外投资收缩，对市场反应迟缓。根据以上特征可知，成长期和成熟期企业有创新和多元化的需求，有意识建立创业投资机构或合伙成立 CVC 投资基金进行投资，从外部获取有价值的信息和知识。外部创新带动内部创新，当回归领域前沿或成功开拓新行业后必带来丰厚的投资回报，企业继续 CVC 投资，寻找新的利润增长点。衰退期企业能否打破收入增长的停滞状态，取决于能否运用股权投资完成新旧业务转换、开拓新领域为企业注入新的能量。

（四）双重委托代理与道德风险

CVC 投资存在双重委托代理身份，CVC 投资公司与 CVC 投资项目管理者是第一重委托代理关系，而 CVC 投资项目执行人与初创企业是第二重委托代理关系。第一重代理关系中投资公司要求财务和战略双重回报，但是 CVC 投资管理者的薪酬通常是固定的，相比 IVC 投资的薪酬体系缺乏激励机制。基于不同的公司治理风格，CVC 投资项目管理人可能会由于没有奖惩约束惧怕承担风险或者过于激进，项目投资容易出现投资不足或者投资过度。无法帮助母公司降低学习和交易成本，达成协同效应。在第二重代理关系中，CVC 投资和其他风险投资机构一样除提供资金支持外，还可以依托投资公司丰富的行业、市场、管理经验对初创企业提供增值服务，帮助他们理解客户需求，将技术转化为产品尽快推向市场，并派驻专家、管理人才进行支持。他们通常会在初创企业的董事会争得一席之位，履行监督职能，希望最终从初创企业的成长过程中获得财务回报，获取稀缺技术资源。理论上，CVC 投资可消除大企业在技术购买过程中的信息不对称劣势，但是这个过程也可能会出现道德风险及逆向选择问题。当投资公司与初创企业技术出现竞争时，投资公司可能会侵蚀初创企业的市场，抑制互斥技术的发展，甚至剽窃、盗取新技术，初创企业也会视投资公司为恶意竞争者，想方设法维护自身利益。如果沟通不畅，投资必然失败。因此，通过信息披露（Dushnitsky 和 Lenox，2005）、联合投资（Brander 等，2002）、清算权约定（Bolton 和 Scharfstein，1990）等契约安排可以有效约束道德风险。总之，CVC 投资是个三方博弈的过程，投资公司、项目执行人和初创企业只有战略利益一致、资源共享、取得协同效应时，才能共赢。

二、公司创业投资发展历程及现状

（一）公司创业投资发展历程

1. 全球公司创业投资市场

全球公司创业投资发展起源于 1914 年，迄今为止已历经四个发展阶段。第一阶段（1914～1977 年），公司创业投资萌芽阶段，以杜邦公司投资通用汽车为标志，大企业希望利用闲置资金创造更多利润，同时寻求企业的多样化发展，致力于积极拓展新的市场。第二阶段（1978～1994 年），伴随着计算机革命，硅谷大批高科技企业发展成熟，旧商业模式被改变、新商业模式出现。第三阶段（1995～2001 年），在互联网发展推动下，公司创业投资蓬勃发展。规模小、灵活便捷的初创企业研发速度快、技术更新快，大企业通过公司创业投资模式快速进入新兴领域。第四阶段（2002 年至今），公司创业投资进入独角兽时代，投资机构规模扩大，投资项目向头部企业集中。大量估值超过 10 亿美元的企业被培育起来，拥有全新的商业模式。全球 CVC 投资机构和投资人更加成熟，拥有更丰富的投资经验，更强的企业管理和资源整合能力，对于全球未来产业发展的判断也更加准确。

　　当然，风险投资是周期性行业，受到经济周期、金融发展和外部环境的影响。2008～2009 年全球金融危机，全世界股市受挫，金融资产价格下跌，在投资估值下滑的同时，风险投资机构母公司上市公司经营状况受到影响，风险投资基金预算缩水，出资人减少投资或终止投资、被迫违约。2020 年受新冠肺炎疫情影响，投资数量下降，投资项目向头部企业集中。但是当危机过去，新技术和新领域的出现又会带来新一轮的投资热潮，催生一批新的优质企业。总之，每一次技术变革都伴随着公司创业投资的阶段性大发展，技术与风险投资息息相关。

　　越来越多的集团公司选择直接投资或者设立外部风险投资机构，在新兴领域积极投资、拓展业务版图。根据 CB Insights[①]的

---

　　① 本章所有数据来自权威数据库 CB Insights（美国）网站、清科私募通数据库、清科研究中心发布的《2020 年中国创业投资（CVC）发展研究报告》。

数据，过去 5 年全球新增的大企业投资主体接近 1000 个，2019 年全球共有超过千家创业投资机构参与了投资，Google、Salesforce、Intel 位居活跃度排名前三位，新增 259 家公司创业投资机构参与了 25% 的风险投资。2019 年全球企业风险投资事件高达 3234 笔，投资金额 751 亿美元，同比分别上涨 8% 和 3%。亚洲地区投资项目数首次超过北美地区。投资轮次集中于种子轮和 A 轮、B 轮，投资行业集中于人工智能、金融科技和医疗科技领域。

2. 中国公司创业投资市场

中国 CVC 投资发展经历了 1998～2009 年的萌芽阶段、2010～2012 年的快速发展阶段、2013～2016 年的高速发展阶段以及 2016 年至今的调整阶段。经过 20 多年的发展，国内 CVC 投资作为新兴力量在迅速崛起，公司创业投资占国内股权投资市场的比重接近两成。

1998 年实达集团对北京铭泰科技发展公司投资开发汉化软件市场，1999 年上海第一百货商店股份有限公司注资视美乐科技有限公司生产投影电视，这两笔投资分别被称为我国第一个大规模的公司创业投资和首个上市公司参与风险投资的案例。1998～2000 年，中国互联网经历了第一次浪潮，成功的风险投资案例集中于互联网领域（投资界网站，2017）。中国最重要的互联网公司几乎诞生于这一段时期，如新浪、网易、腾讯、搜狐、阿里巴巴，它们获得了大量风险投资。但此时中国 CVC 投资主体主要是西门子、英特尔等国外带有产业背景的企业。2000 年 3 月，美国科技股互联网泡沫开始破裂，殃及大量中国互联网创业公司，整个创业投资行业进入严冬。寒冬中仍有勇士，2001 年 4 月，联想创始人柳传志组建了联想投资。在 1999～2003 年的互联网 1.0

时代，受益的是国外较早进入中国的独立风险投资机构，国内互联网企业正在奋力发展、积蓄能量。

2005 年，国内互联网产业发展突飞猛进，复制美国互联网商业模式的公司获得大批风险投资青睐，如优酷、微博、微信。2005 年又是神奇的一年，股权分置改革终结了流通股和法人股割裂的历史制度，创造了一轮长达 4 年的牛市，而新股发行全流通给本土创业投资带来了从二级市场退出的机会。自 2007 年开始，传统生产服务行业、规模大、处于成熟期的企业成为风险投资追逐的标的，涉及农业种植业、养殖业、服装制造业、食品服务业等。这些企业有短期两三年内上市的可能，获得的单笔投资金额较大，待企业上市后，风险投资回报颇丰。此时风险投资行业竞争激烈，企业高管、成功的创业者变身为风险投资人，大型企业设立了专门的风险投资部门及子公司，券商设立专门的风险投资为 IPO 承销业务提前筛选项目，各行业首富纷纷加入风险投资行列。百度、复星、联想、奇虎 360、盛大等在互联网 1.0 时代获得风险投资的科技公司积累了丰厚的现金流和企业管理经验，也开始进行 CVC 投资。

2008 年，全球金融危机爆发，北京奥运会召开，危机与机遇并存，全球股市暴跌，企业市值缩水、IPO 退出艰难，创业投资行业遭受重创。但是 2009 年 10 月，规划了 10 年之久的创业板终于推出，人民币风险投资基金可以实现募集、投资、管理和退出的全过程，多年来苦于回报无门的本土创业投资迎来了丰厚的财务报酬。由于 2008 年财政刺激政策和经济转型以及民营企业家的资本积累，一时间地方政府的产业基金、集团公司的投资基金、民营企业家和演艺明星纷纷携带民间资本进入风险投资领域、形成全民投资热。2009 年以后，我国本土创业投资机构崛起，基金规模大幅增长，投资数量超过美元基金。

2010~2014 年，随着当当网、唯品会、聚美优品、京东和阿里巴巴的上市，电商领域成为互联网行业又一投资重地。同时，中国移动互联网发展突飞猛进，投资出滴滴、58 同城、美团等优质企业，新的商业模式和技术创新层出不穷。公司创业投资在中国股权市场的占比从 2010 年的不足 5% 增加至 2013 年的超过 10%。2014 年在政府"大众创业、万众创新"的号召下，相关的创新、创业支持政策层出不穷，我国逐步进入了一个创业、创新"大爆炸"时代。公司创业投资爆发式增长，2015 年整个行业的投资频率达到顶峰，超过了 828 次。投资金额占比维持在 15% 以上，BAT、小米、北汽集团等长期活跃。2016 年后，受股灾、资本寒冬、宏观经济增长趋稳、金融政策收紧等政策、环境影响，投资人较为谨慎，单笔投资金额减少，CVC 投资频率略有下降。随着人工智能、物联网、区块链、大数据、金融科技等技术发展和行业应用，投资重点区域、方式不断发生改变，风险投资机构开始裂变、优化，寻找更适合的投资模式。国内 CVC 投资机构正以越来越开放的姿态活跃在风险投资舞台上。

（二）中国公司创业投资发展现状

2019 年，中国公司创业投资 705 笔，投资金额 1139.13 亿元，同比分别下降 17% 和 41%。平均投资金额为 1.62 亿元，与全球 CVC 投资平均水平持平（1.65 亿元），高于 IVC 投资均值，低于私募市场投资均值。从行业分布来看，中国本土创业投资偏爱高科技行业，2019 年投资排名前三的行业是 IT、互联网/移动互联网和医疗健康，其中投资在 IT 领域的案例数量和金额遥遥领先，投资占比 29%，其余两个行业分别占比 25% 和 11%。

从投资阶段和轮次来看，CVC 投资以战略协同为目的，涉及全阶段、全产业链投资。但是投资轮次并不均衡，呈现"两头多，中间少"的状态，即 A 轮（Pre-A 轮、A 轮和 A+轮）和战略投资相对较多，中间的 C 轮、D 轮、E 轮和 F 轮相对较少。投资项目有 15% 位于 A 轮之前，35% 集中于 A 轮，22% 集中于 B 轮投资。相比全球其他 CVC 投资机构，我国创业投资机构对种子轮项目的支持力度较低。相比 IVC 投资机构，投资阶段相对靠前。从退出渠道来看，IPO 和并购仍然是 CVC 投资机构首选的退出方式，2019 年二者退出合计占比 71.17%，通过 IPO 退出达到 55.8%。CVC 投资机构相比 IVC 投资机构对企业持有时间较长，获利减持较晚，IPO 后仍可能持有被投资企业。

截至 2020 年，中国拥有公司风险投资机构 727 家。传统行业风险投资机构占比 60%，互联网风险投资机构和独角兽风险投资机构占比 3%。同时，投资机构来源集中，60% 的企业风险投资机构位于信息技术行业、可选消费行业、信息传输软件和信息服务业。68% 的机构注册地位于北京、上海、广东三地，其余机构多集中于环渤海、珠三角和长三角经济圈。值得注意的是，我国 CVC 投资呈现向头部企业集中的趋势，2019 年 CVC 投资金额最高的 10 家集团企业合计投资超过 900 亿元，占全部投资金额的 79%。如表 3-1 所示，从累计的投资金额来看，腾讯、阿里巴巴、奇虎 360、京东和百度等互联网企业表现活跃，投资版图不断扩大。少数大机构占领大部分投资市场份额，覆盖各个行业和新兴领域。大企业有着丰富的投资经验和资源，增值服务能力强，吸引初创企业融资。并且随着互联网产业链的应用和扩大，互联网投资机构占据主流。

表 3-1　中国股权投资市场 CVC 投资金额排名前十机构

中国股权投资市场 CVC 投资金额			
2010~2019 年累计		2019 年	
投资机构	投资金额（亿元）	投资机构	投资金额（亿元）
腾讯	2072.77	腾讯	353.29
阿里巴巴	1744.26	阿里巴巴	259.00
复星集团	493.56	百度	52.31
京东	399.98	蚂蚁金服	48.42
百度	366.10	丰田汽车	37.13
软银集团	283.16	SK	36.34
奇虎 360	275.67	京东	30.87
蚂蚁金服	244.98	浙江能源	30.25
苏宁集团	189.51	云南能投集团	30.25
融创中国	181.41	复星集团	26.80
总计	6251.40	总计	904.67
合计占比（%）	70.70	合计占比（%）	79.40

资料来源：清科私募通数据库。

三、公司创业投资案例

（一）行业典型案例

公司创业投资具有行业聚集效应，通常关注新兴领域的技术发展。本节从投资行业角度，以物联网与人工智能重点应用的行业——泛汽车与大出行领域公司创业投资为例，探讨参与 CVC 投资的企业类型、投资目标、投资关注领域。根据清科研究中心

《2020 年泛汽车与大出行领域 CVC 研究报告》，该领域 CVC 投资占市场所有 CVC 投资数量超过 20%、投资金额超过 30%，投资集中度十分明显。近 5 年，传统车企、Tier1 企业（一级制造供应商）、科技公司、物流企业纷纷布局泛汽车与大出行行业，具体涉及出行服务、人工智能、车联网与自动驾驶等领域。

1. 第一类企业——整车制造商

整车制造商等传统车企领投比例较高，基于集团企业战略进行投资，重点关注自动驾驶和新能源科技领域，外部投资与内部研发同时进行，代表企业有宝马、大众、现代、北汽等。2011 年，宝马集团设立了风险公司（BMW i Ventures），总部设在美国硅谷，战略定位由汽车生产制造商向出行服务提供商转变。2015～2019 年其在汽车和出行领域投资共计 45 笔、披露的投资金额超过 20 亿美元。重点投资新技术公司，如电动汽车、新能源、自动驾驶、共享出行、人工智能等。项目主要集中在前沿技术领域和出行服务方面，服从于宝马战略规划。被投资企业有 Graph-core——英国人工智能芯片制造商、CelLink——柔性电路技术制造商、Zum——儿童共享出行服务公司。期间，宝马集团成立电芯研究中心，升级电力驱动技术，启用慕尼黑自动驾驶研发中心，获得外国汽车企业在中国的首张自动驾驶路试许可牌照。

2. 第二类企业——科技企业

科技类型的企业投资金额最大，普遍跨界关注汽车领域互联网产品，尤其是新势力造车、自动驾驶，其财务需求和战略需求共存，代表企业有谷歌、苹果、微软、阿里巴巴、京东。中国、美国、印度、东南亚是热点关注区域。其中，出行服务和车后市场等消费服务端是国内科技企业投资重点，自动驾驶与车联网、整车制造与物流等供给升级端是国外科技巨头投资重心。2015～

2019 年科技类型企业累计投资 426 笔，投资金额高达 1682 亿元。其中，腾讯投资 60 笔，金额 454 亿元，扩张期投资占比 42%。腾讯投资拟通过战略投资保持行业内领先地位，为母公司在不同行业的业务发展提供补充，尤其是在企业服务、互联网平台、金融科技、新零售、社交娱乐等。2015~2017 年腾讯投资放松投资限制、扩张各行业投资布局，2018 年受资本市场低迷影响，调整战略，重新定位为自身业务的协同者。同时，收紧投资，重点投向车后市场和物流技术，依托模拟仿真、数据云、高精度地图平台以及三大基础信息安全技术，自主研发车联网与自动驾驶技术。

3. 第三类企业——一级供应商

Tier1 企业即一级供应商，其较晚进入投资领域，围绕产业链上下游相关新技术展开投资，增长速度较快。代表企业如博世、麦格拉、宁德时代。博世（Bosch）集团是一家集汽车内燃机、动力转向、工业技术和消费品的制造和技术提供商。其集团风险投资体系包括三大部分：由德国总部设立风险投资基金直接投资、由各个国家分公司设立基金直投、由专业风险投资机构 Robert Bosch Venture Capital（RBVC）独立投资。前两类直接投资的目标是寻求战略协同，投向与汽车产业链高度相关的企业；而第三类独立风险投资机构侧重财务投资，投资领域涉及医疗、电气自动化、节能等多个行业。2013~2019 年共投资 12 笔，涉及披露金额 3.74 亿元。近一半的被投资企业处于初创期，北美、欧洲、中国为主要投资区域。博世投资首选科技型、互补型企业，关注汽车充电、新能源、智能驾驶等自身业务未覆盖的领域。

4. 第四类企业——物流企业

物流提供商关注自动驾驶，希望通过投资参与物流行业技术发展，加速产业整合，打造智慧物流、自动物流。代表企业有UPS、顺丰、菜鸟、中集。1997年知名跨国物流企业UPS（United Parcel Service）设立UPS风险投资（UPS Ventures），负责物流、电商领域项目。2015～2019年其共有项目13个，其中物流技术和自动驾驶领域项目5个，披露投资金额约2000万美元，包括Next Trucking、Deliverr、Peloton、Tusimple。近5年，中国物流企业投资较为谨慎，偏重有清晰发展路径、初具规模的企业，倾向物流技术领域的中后期投资，共发生74笔投资案件，涉及金额192亿元，物流技术领域占比71%，扩张期项目达46%。投资案例包括汇通天下、福佑卡车、纵腾网络等。此外，滴滴出行、途虎养车等车联网与出行服务相关项目也是其投资对象。

每个行业都有投资周期，随着进入企业的增多和技术的成熟，汽车和出行领域的投资逐渐趋于冷静，投资侧重点有所转变。从以上案例可以看出，在一个新兴技术领域兴起时，行业相关企业纷纷进入投资，推动技术进步和行业发展，其中大型科技公司投资比例和投资贡献最大，可见公司创业投资是促进行业发展的重要力量。同时，创业投资领域也存在内卷现象，行业头部效应加剧、二八分化明显。知名头部风险投资机构对项目掌握定价权，资金、资源、人才迅速集中，往往通过提价、抬高估值的方式抢夺优质项目。大公司如果缺乏经验丰富的投资人、投资部门，则无法及时跟进项目信息、获取最新的技术动向，在决策速度加快、投资周期缩短的趋势下，即使参投和跟投，也难以获得丰厚的财务收益和战略回报。

（二）企业典型案例

百度作为全球最大的中文搜索引擎和最大的中文网站，为用户提供搜索、导航、社区、站长和开发者服务，同时开发翻译、理财等手机移动和游戏娱乐业务以及输入法等软件工具，并发展互联网营销推广。百度集团有直属的战略投资部以及百度风险投资、百度资本、长城投资等风险投资机构。其中，战略投资部负责控股层面的投资，以集团产业协同发展为诉求，不注重财务回报。其他三类资本则分别介入各个投资阶段的项目，有明确财务回报。2018 年，百度位列 CB Insights "全球最活跃的企业风险资本 TOP5"、"人工智能领域最活跃的风险投资机构"榜单。

1. 百度风险投资组织架构

2016 年 9 月，百度风险投资（Baidu Ventures）成立，创始人李彦宏担任董事长、投资委员会主席，副总裁刘维担任 CEO，在北京和硅谷设立区域总部，选用基金管理模式。中、美团队均设置董事总经理（MD）、执行董事（ED）、副总裁（VP）、投资经理（Associate）和分析员（Analyst）。整体结构扁平化，去除行政、法务、财务等中后台员工，投资团队共有二十余人，20%为金融专业人员，其余人员专业涉及底层技术相关的计算机、数学等基础学科。由于团队主要投资早期项目，财务回报不明确，在对员工的考核和激励中注重以项目的"质"代替"量"。对于项目管理，投资部门对不同项目进行分类管理，给予差异化的增值服务、投后管理，由专业的人力资源团辅助初创企业为关键岗位配置合适人才。

2. 百度风险投资 CVC 业务投资动机和投资逻辑

百度风险投资与百度战略投资部开展创业投资的动机对于集

团来说存在差异。首先，二者战略动机不同。战略投资部服从集团战略布局，与集团业务领域和目前发展方向一致，投资与集团当下业务协同性较强。然而，与其他互联网巨头类似，平台型企业横向发展到一定规模和阶段，在规模稳定的同时存在增长停滞的风险，布局行业前沿技术成为其战略重点和方向。因此，百度风险投资聚焦行业未来发展，重点关注专业领域的底层技术，侧重早期创新。以创业投资发挥外部研发功能，与内部研发进行互补。百度风险投资是战略投资部的补充投资，前期的关注有利于集团进行后续投资的判断。其次，百度风险投资类似外部市场的检测仪，灵活的投资方式利于广泛布局多样化的项目，及时和全面获取市场信息。早期项目带来的信息优势便于应对市场变化。最后，百度风险投资与高校实验室、产业链企业的深度合作，关注种子企业、掌握底层技术、产业端、消费端科技动向，是集团公司的信号器，引导其战略布局。通过集团资源将底层技术与传统产业结合，带动产业整体升级。

3. 百度风险投资 CVC 项目来源和投资去向

截至 2021 年，百度风险投资共设立三期规模超 7 亿美元的人民币/美元基金，关注全球人工智能领域的早期项目，投资期限长达"10+2"年。一期和三期使用集团自有资金，二期作为 LP（Limited Partner）引入多位合伙人，以广州开发区为基金，辐射珠三角制造业产业集群，投资方向围绕人工智能领域，包括智能基础技术、智能机器平台及行业智能化。项目标的主要来自三个途径：一是由关注市场热门项目的财务顾问（Financial Advisor，FA）推荐。一般来说，FA 专长赛道，与基金战略定位不一定相符，合作效率较低。二是投资团队借助集团的市场势力深入行业内部寻找项目，合作效率相对较高。三是投资团队进入制造业企业和相关产业链企业进行考察，寻找改进产品和商业模式的新技术；与高校实验室联合开发，寻找技术商业化机会。百度在全球科技中心硅谷设立百人博士专家计划，希望利用硅谷周边的优质高校资源获取更多早期项目。

截至 2021 年，百度风险投资项目投资超过 100 笔，投资轮次以 B 轮以前的项目为主，在美国、中国及欧洲均有项目。其中，考虑到行业的聚集效应，中国项目主要集中于北上广深、江浙地区。具体投向涉及三方面：一是关注底层技术，如无人机领域光绕行技术、无屏电视。其中投资的极米无屏电视对标小米电视，利用技术领先优势提早产业布局，此笔投资得到集团战略投资部的跟投，与集团业务达到战略协同。二是以底层技术对行业端进行技术改造，如使用无人机精准投放农药、炼钢厂自动温度控制、开发农场智能摘苹果机器等，希望将人工智能应用于工业场景，进而形成行业智能化。三是以底层技术对消费端进行改造，如推广使用自动售货机，实现零售去人化渗透入生活场景。

通过以上案例可以发现，大公司设立的不同投资机构拥有不同的使命，依据差异化投资目标和期望回报执行相应的投资计划，部分投资与公司战略紧密相连，部分投资着眼于未来新兴赛道及寻找新的发展机会。不同投资机构围绕集团企业布局形成利益最大化。总之，发展成熟的大公司行为与前文基础理论分析一致，拟通过创业投资进行外部资源获取、与被投资企业形成战略协同，通过知识的溢出效应进行组织间学习，利用初创企业进行技术开发、市场运行实验。但在不同企业发展周期所选择的投资项目和投资目标存在差异，在投资、管理的双重委托关系中存在效率和道德问题。

四、本章小结

首先，为研究公司创业投资与技术创新能力的关系提供了理论基础和初步分析。基础理论涉及资源基础、知识基础、组织学习、战略管理、实物期权、委托代理、生命周期等理论。其次，回顾了全球公司创业投资发展历程以及中国 CVC 投资发展阶段，二者均与技术周期、经济周期、金融周期相关。互联网的 1.0 时代和 2.0 时代分别造就了两次全球投资热潮，随着互联网泡沫的破裂，一个投资周期结束，下一轮投资开始。无论全球还是中国，CVC 投资在整个股权市场中的占比逐年提升，投资模式更加多样化，对初创企业的发展起到了重要的推动作用。中国市场的 CVC 投资起步虽较晚，却发展迅速，呈现头部企业的集中效应，投资行业集中、投资机构区域集中，但是投资轮次相对不均衡，A 轮及以前投资较多，中间轮次投资占比较低。

此外，选取行业投资案例和国内知名 CVC 机构投资案例剖析 CVC 投资。通过分析泛汽车和大出行行业的投资案例，发现无论是整车制造商还是零部件供应商、互联网企业、物流企业，产业链条上的各类企业均关注与车辆相关的人工智能应用以及新能源等行业内可能发展壮大的技术，并且提早在行业中布局，希望通过 CVC 投资把握行业内机会，获得长足发展。同时，以百度集团设立的战略投资部和风险投资机构为例，通过其分析组织模式、投资动机和投资逻辑、具体投资案例，验证了 CVC 投资与产业集团战略的协同效应。集团企业利用资源优势在风险投资市场设立多层次的投资机构，不错过各阶段的投资项目和行业潜在机遇。本章为下一章实证检验创业投资对企业技术创新的作用提供理论基础和事实证据。

第四章
公司创业投资对技术创新的直接影响

公司创业资本不同于独立的风险投资资本，内部管理者通常可以利用资深行业经验，尤其是技术出身的投资人可以敏锐捕捉投资机会，做出与公司战略相符的投资决策。公司创业投资应区别于独立风险投资机构和政府风险投资基金，着力聚焦于新技术、有研发潜力的高科技类型企业。给予一定的风险容忍度，以战略眼光耐心等待高创造价值和高回报率。那么公司创业投资行为在培育初创企业开发新技术、新产品的同时，是否形成技术或者资源的协同效应？对其母公司的技术创新能力有何影响？这是本章即将讨论的问题。

一、理论分析与研究假设

微观企业创新需要持续的资金支持、长期的战略指引、较好的吸收能力和优秀的人才，管理层融合资金、技术、知识和人力等资本，根据外部需求和自身优势，不断获得新技术、开发新产品、进行技术升级或生产、工艺流程改善，创造新的商业模式。技术创新分为内部创新和外部创新，企业可以通过增加研发投入，在内部研发部门中开展基础研究和应用研究，开发新技术；也可以通过外部获取和跨业创新达到外部创新的目的，如选择并购新公司改变现有的技术体系，通过与其他公司建立合作研发平台，模仿学习其他行业的技术和模式以应用于自身行业及产品中。在完善的知识产权保护制度下，成熟市场容易出现"专利丛林"，即现有技术存在专利保护，突破新的技术而不侵犯其他企业的专利权较为困难，因此购买或者模仿技术将其用于新的行业较为常见。此外，内部研发需要投入大量的资金和时间，风险较大且充满不确定性，因此部分专利可以外购后内化或合作研究以避免重复研发浪费精力，提高技术应用率。其中，对初创企业的创业投资就是公司通过股权投资向外部市场学习、与企业合作研发或跨业模仿的一种外部创新途径。

从企业战略角度来看，公司开展创业投资的首要目标是取得战略回报，通过风险资本介入初创企业获得新技术、新商业模式，迈入新市场、新渠道和新行业。根据波特的战略矩阵，公司进入新领域有四种方式，分别是带领产品进入新市场、在成熟市场推出新产品、在成熟市场渗透旧产品、在新市场出售新产品。贸然进入新市场或推出新产品的失败风险和成本较高，寻找小范围试错不失为一个好的选择。初创企业类似一个小的市场或者产品样本，母公司通过少量投资将想法融入初创企业。等初创企业培育到一定阶段，产品、技术可以商业化，母公司扩大投资，大举迈入新市场，与被投资企业共同分享市场份额和超额利润。根据实物期权理论，CVC 投资的项目类似实物期权，如果发展受阻，可以延迟或停止下一轮投资甚至放弃期权。分阶段小规模投资初创企业赋予大企业以小博大、分散研发风险的机会。换句话说，是大企业借助 CVC 投资模式追求"蓝海战略"。此外，筛选拥有互补性产品和技术的初创企业，或通过投资缓和与替代产品、技术的竞争关系也是一种与企业战略相符的投资活动。互补性技术可能带来技术合作甚至技术升级，缓和替代技术的竞争关系，有利于企业充分了解竞争对手，赢得时间改进产品和技术。

从同业竞争角度来看，创新速度快的企业在市场中就像水中的鲶鱼，快速搅动池面，促使其他企业也不断追求创新。罗福凯等（2019）的研究表明，同行业的研发投入水平存在同侪效应，即企业创新会采取跟随策略。产品创新和技术创新可以带来新的市场和更高的定价，只有创新领先者能享受垄断利润和超额收益，在竞争的市场中企业家争相追逐超额利润。因此，一家龙头企业的创新会促使其他企业跟随创新，新技术的诞生也会成为其他企业的模仿对象。例如，智能手机、汽车行业的革新，苹果和特斯拉高频率的创新带动了中国产业链的快速扩张。市场上初创企业一个个小技术的诞生也会为大公司带来改进产品、技术升级的机会。例如，支付宝技术，打通了客户到企业信任的最后一个环节，降低交易价格、加快交易速度、提升交易规模。随之而来的，是同行业竞品微信钱包、云闪付等移动支付软件的上线以及集成支付平台的出现。此时同业间的信息流动显得格外重要，大企业可以通过 CVC 投资项目监测同行业市场上的小技术、底层技术，从而做技术的应用者或跟随者。

从企业生命周期角度来看，大企业发展到一定规模和阶段，资金流充足，经营和投资经验丰富，风险容忍度高、风险承担能力增强，但是原有的资源和优势相对固定、商业思维模式固化，因此需要向外界探索新的利润增长点，或破坏性创新打破业务拓展空间有限的问题。此时，选择创业企业可能为企业带来新商机。初创企业的创新一般有三种：①开发新的商业模式，在原有商业领域内闻所未闻，以新模式开拓新行业，如零售平台（淘宝）、直播带货模式（抖音）；②在细分领域拥有突破式技术，以某项新技术开发新产品，开拓新的产品市场，如转移支付功能；③以某项突破式技术提升了生产效率，该技术应用广泛。初创企业不仅是大企业感知市场的一个窗口，而且是带来新商业模式和技术、主动创造广阔市场的技术引领者。因此，投资公司可以备好资源全力支持新创企业，与其同做技术引领者。

创新是知识和信息聚集、重组的过程。首先，外部投资有利于企业广泛搜寻异质性和差异化的创新资源，及时跟踪和快速掌握知识、技术的最新动态，接触更多的创新信息。其次，充分利用不同企业的资源禀赋优势，如外聘细分领域的高水平技术专家，接入初创企业高质量的社会资源网络，学习局部高效率的管理模式。与初创企业建立研发联盟合作网络，通过正式与非正式的组织联系产生知识整合、技术迁移和信息共享，提升创新绩效。地域分散和文化多样性增加技术学习的深度和广度。

具体地，通过投资，将被投资企业的先进知识、研发成果、信息技术逆向转移到投资企业，产生正向技术溢出作用。通过与被投资企业高技术合作研发、学习交流，有利于内部研发人员积累经验，提升研发效率。新产品开发和技术研发需要投入巨额资金购买先进设备、聘请高技术研发人员，面临巨大风险和不确定性（Hall，2002）。通过对外投资，上市公司与初创企业组建研发机构、共享研发成果，分摊研发费用、降低产品失败风险，或者依托初创企业的研发平台或创新工作室，内化知识、整合技术，开发新产品和提升生产效率。一加一大于二，投资与被投资企业的紧密合作，降低了双方的信息搜寻成本和研发沉没成本。综上，提出如下假设：

H4：公司对外进行创业投资，可以促进自身技术创新产出。

二、研究设计

（一）样本选择与数据选取

本书采用 2005～2017 年我国 A 股上市公司初始样本，并进行了如下筛选：剔除相关财务数据缺失的公司；剔除金融类公司及 ST、PT 等经营状态异常的公司。为了降低异常值的影响，在 1% 水平上对连续变量进行了 Winsorize 缩尾处理。经整理后，最终获取有效观察样本 17734 个。公司参与创业投资数据来自清科私募通数据库，财务数据和专利数据均来自国泰安数据库。国内关于风险投资的数据库主要有投中研究院、清科私募通和 Wind 数据库。其中投中研究院的数据自 2008 年之后缺失严重，Wind 数据库只披露少数上市公司年度持有风险投资公司比例，数据缺失严重且并不准确。清科私募通数据库中包含上市和非上市公司的投资事件、并购事件和退出事件数据，1990 年至今累计收录 20 余万条，包含投资双方名称、投资年月、投资比例、行业、地区、轮次、阶段等信息。关于公司创业投资的数据从 2005 年起较为全面，因此本书选择的样本起始年份为 2005 年；由于国泰安数据库公司研究系列下的专利数据仅更新到 2017 年 12 月 31 日，为保持数据一致性，样本截止年度为 2017 年。

谈毅和叶岑（2003）、翟丽等（2010）、陆方舟等（2014）根据投资企业对创业企业或 CVC 投资控制程度的高低，将 CVC 投资模式分为三种类型：①直接投资模式，即企业直接或者通过所设立的创业投资部门对初创企业进行股权投资；②控股创业投资公司模式，即成立创业投资子公司或控股专门的创业投资基金，由子公司或投资基金负责对外股权投资；③参股创业投资公司模式，即参股独立创业投资机构或其他创业投资基金，通过专业投资机构获取收益。董静和徐婉渔（2018）进一步将投资模式分为四类，分别是：①由非金融机构的母公司直接投资；②母公司的风险投资部门设置专有投资基金进行投资；③母公司旗下设立全资投资子公司从事 CVC 投资，如联想的君联资本、复星创业投资；④母公司参股或控股风险投资机构（LP）发起投资，联合设立创业投资基金，母公司担任普通合伙人。随着风险投资的发展，资本流动速度加快，投资模式越来越多样化。基于数据可得性，大多数研究主要集中于投资公司参股或控股创业投资公司的投资模式。本书参考以上分类标准，剔除金融类上市公司，将非金融机构的上市公司 CVC 投资分为三种类型：①直接投资（简称直投），由母公司直接投资或者设立 100% 全资创业投资公司进行投资；②合伙或合资企业投资（简称合投），母公司与其他创业投资机构、企业成立合资或合伙创业投资公司以及产业基金，通过新的创业投资公司和基金进行投资；③间接参股投资（简称参投），母公司参股独立风险投资机构，由独立风险投资机构进行的投资。

创业投资数据筛选过程如下：首先，筛选上市公司子公司和长期股权投资中含有"创业投资"、"创新投资"、"风险投资"、"基金"、"资本"、"股权投资"等字样的公司，将上市公司和所选取的创业投资子公司及通过长期股权投资持有的创业投资企业作为投资机构样本，并记录上市公司持有创业投资企业的股权比例。其次，将上市公司的投资机构与清科私募通数据库中的风险投资事件进行匹配，筛选出由上市公司及其持股的创业投资机构参与的投资事件。最后，整理每个投资事件的投资年度和投资金额、投资轮次，被投资企业所处的阶段、行业、地区，手动标注独立投资、联合投资、引领投资类型，区分上市公司直投、上市公司子公司投资、上市公司与其他企业或资本合伙投资，以及上市公司参股独立风险投资机构等类型，汇总并分析各项数据。本书汇总了清科私募通数据库投资事件子库 2005～2019 年的 11 万条投资事件数据，在投资机构一栏中手动搜索上市公司及其持股的创业投资公司（非被投资企业）名称，标注上市公司代码及持股创业投资公司的比例。遇到与上市公司名称近似的投资机构，使用企查查、天眼查、爱企查确定其与上市公司的关系，并记录持股比例。另外，使用 Wind 数据库中记录的风险投资机构历年投资情况查漏补缺。

本书收集整理了 2005～2019 年 6821 条投资事件，投资轮次包括种子轮、天使轮、Pre－A 轮、A 轮、A＋轮、Pre－B 轮、B 轮、B＋轮、C 轮、D 轮、E 轮、Pre－IPO 轮、上市定增等。因上市定增的财务投资目标大于战略投资目标，故不属于创业投资范畴，去掉定增数据和投资金额、投资阶段缺失的数据后，得到 6489 条投资数据。剔除 2018 年和 2019 年数据后，最终得到 5233 条投资数据，涉及上市公司 894 家。

（二）变量设计

1. 被解释变量

企业技术创新。本书使用年度专利申请量的对数值（Patent）衡量企业技术创新水平，专利申请分为发明专利（Invention）、实用新型专利（Utility）、外观设计专利申请（Design）。根据黎文靖和郑曼妮（2016）的研究，其中发明专利为突破性创新，实用新型专利和外观设计专利为渐进性创新。还使用发明专利申请量的对数值（Patent1）衡量企业突破性创新水平。

2. 解释变量

①是否参与创业投资（Cvcif），如果公司当年有创业投资，则赋值1，否则为0。②年度投资事件（Cvcn），汇总当年投资事件数量，赋值n，无创业投资则为0。投资按照年度进行，一家企业每轮投资一般一年进行一次，投资件数越多。意味着公司投资组合中的企业数量越多。③年度投资金额（Cvcamount），依次使用单个投资事件的投资金额乘以上市公司持有投资机构的股权比例得到单个投资金额，如上市公司直投，则使用100%×投资金额；上市公司75%参股独立风险投资机构，则使用75%×独立风险投资对被投资企业的投资金额，加总当年所有投资事件金额并取对数得到年度投资金额。其中，年度投资个数和年度投资金额变量主要用于稳健性检验。

3. 控制变量

对于控制变量的选取，分别借鉴苟燕楠和董静（2013）、温军和冯根福（2018）等的研究，在模型中纳入企业规模（Size）、企业年龄（Age）、资产负债率（Lev）、总资产净利率（ROA）、经营活动现金流比率（OCF）、企业性质（SOE）、第一大股东持股（Top）、两职合一（Dual）等变量，同时控制了行业和年度差异。具体变量定义如表4-1所示。

表4-1　公司创业投资对技术创新的直接影响研究的变量定义

变量类型	变量名称	变量符号	变量描述
因变量	企业技术创新能力	Patent	发明专利、实用新型和外观设计专利申请量加1，取自然对数
		Patent1	发明专利申请量加1，取自然对数
自变量	公司创业投资	Cvcif	创业投资虚拟变量，公司有创业投资取值为1，否则取值为0
		Cvcn	年度投资事件数
		Cvcamount	年度投资金额
控制变量	企业规模	Size	期末资产总额的自然对数
	企业年龄	Age	企业成立年限加1，取自然对数
	资产负债率	Lev	负债总额/期末总资产
	总资产净利率	ROA	净利润/期末总资产
	经营活动现金流比率	OCF	经营活动现金流量净额/期末总资产
	企业性质	SOE	企业性质虚拟变量，国有上市公司取值为1，否则取值为0
	第一大股东持股	Top	第一大股东持股比例
	两职合一	Dual	企业董事长与总经理为同一人担任取值为1，否则取值为0
	行业	Industry	控制行业因素
	年度	Year	控制年度因素

（三）　模型设定

本章构建 OLS 回归模型考察公司创业投资与自身技术创新的关系。其中，Patent 代表企业技术创新能力，Cvc 代表公司参与创业投资，Controls 代表规模、年龄等影响企业技术创新的各种控制变量，还控制了行业 Industry 和年度 Year 的影响，ε 代表模型的随机误差项。本章主要关注模型（4-1）公司参与创业投资的系数 β_1，若其显著为正，则说明公司参与创业投资对其自身技术创新具有促进作用。同时，根据其他学者的研究结论，公司创业投资与创新能力有可能是倒 U 形或者 U 形关系，在模型中加入 CVC 投资的平方项进行验证。

$$\text{Patent}_{i,t} = \beta_0 + \beta_1 \text{Cvc}_{i,t} + \lambda \text{Controls} + \text{Industry} + \text{Year} + \varepsilon \qquad (4-1)$$

关于上述模型被解释变量 Patent 涉及的期间，选择投资行为发生的当期（t）和递延一期（t+1）进行检验。一般来说，公司在投资前会对被投资企业及其产品、技术、市场、竞争对手、合作伙伴、同行业其他投资对象进行充分的调研，双方需要商讨并签订投资协议。经过足够长时间的沟通，公司在投资当年已对初创企业的技术和行业环境有深刻的了解，对新兴技术、商业模式和行业的未来发展潜力有基本判断。在接触了大量新知识和技术、市场信息后，根据知识和技术的溢出效应、组织间学习效应，可能从投资事件发生的当期，投资行为即对企业的创新水平产生影响。随着与初创企业深度合作，达到资源、战略协同，公司创业投资行为的影响持续多个期间。因此，在本章以及之后的章节中，当期（t）和递延一期（t+1）成为检验创业投资作用的主要期间。

三、实证结果分析

（一）描述性统计

1. 创业投资样本分布——投资事件角度

（1）投资数量、金额和投资类型。通过整理清科研究中心私募通数据库记录发现，2005~2017 年 864 家 A 股上市公司共计发生 5233 笔创业投资事件，投资金额累计超过 4227 亿元。2005 年企业风险投资刚刚起步，投资数量仅 36 笔，金额不足 18 亿元，随后 10 年间获得长足发展。其中 2015 年投资数量和投资金额出现跳跃式增长，2017 年投资事件突破千例，金额高达 1411 多亿元（见表 4-2）。

表 4-2　创业投资事件与投资类型

年份	投资事件数（笔）	投资金额（百万元）	直投（笔）	直投占比（%）	合投（笔）	合投占比（%）	参投（笔）	参投占比（%）
2005	36	1778.14	2	5.56	10	27.78	24	66.67
2006	43	1386.56	2	4.65	26	60.47	15	34.88
2007	121	3739.13	7	5.79	36	29.75	78	64.46
2008	127	5099.27	13	10.24	38	29.92	76	59.84
2009	177	7761.42	23	12.99	53	29.94	101	57.06
2010	346	15868.22	68	19.65	105	30.35	173	50.00
2011	397	18938.10	97	24.43	104	26.20	196	49.37
2012	335	12724.31	77	22.99	115	34.33	143	42.69

年份	投资事件数 （笔）	投资金额 （百万元）	直投 （笔）	直投 占比（%）	合投 （笔）	合投 占比（%）	参投 （笔）	参投 占比（%）
2013	282	10697.70	73	25.89	103	36.52	106	37.59
2014	415	27428.44	114	27.47	131	31.57	170	40.96
2015	900	68259.47	269	29.89	355	39.44	276	30.67
2016	989	107949.50	350	35.39	393	39.74	246	24.87
2017	1065	141127.80	438	41.13	375	35.21	252	23.66
合计	5233	422758.06	1533	29.29	1844	35.24	1856	35.47

以往学者的研究集中于参股或控股独立风险投资机构的风险投资，由于数据的不可得性，研究直投的文献较少。但是由母公司直接投资创业项目可能对其自身的创新活动影响最大，因此，本书将投资分为直接投资（直投）、成立合资或合伙创业投资企业投资（合投）、通过参股独立风险投资机构进行间接投资（参投）三种类型。从表4-2的投资类型来看，直投、合投和参投事件数量均呈现较大变化。直投事件数量从2005年的2笔占比5.56%上升至2017年的438笔占比41.13%。合投事件数量和占比逐年上升，比例保持较平稳发展，约占35%。参投事件数量稳步上升，然而参投占比出现较大下滑趋势，从2005年的66.67%下滑至2017年的23.66%。总之，上市公司直投与参投模式呈现此消彼长的关系，越来越多的公司选择直接参与创业投资以获取战略目标和财务目标的最大化。一方面，可能是由于上市公司整体利润率上升、现金流充足，风险承担能力增强；另一方面，可能是意识到风险投资培育创新能力的重要作用，直接投资比间接投资更能享受与被投资企业技术创新的协同效应。

（2）投资地区分布。依照党中央和国家提倡"西部开发、东北振兴、中部崛起、东部率先发展"的政策方针，将我国各省、自治区、直辖市划分为东部、中部、西部和东北四大经济区域[①]。我国东部、中部、西部经济发展水平较为不平衡，各地区生产总值与股权投资数量有一定相关性，经济基础较好的省份股权投资发展程度领先，经济欠发达地区创新创业和股权投资有较大发展空间，两极分化显著。从表4-3投资事件地区分布来看，投资具有地域性。截至2017年，投资事件主要发生在东部地区，高达4116笔，东北地区较少，仅有83笔，这与经济发展水平、自然环境、营商环境、创业氛围相关。东部地区企业的风险投资、研发投入、创新产出以及技术规模、经济规模较大，产业结构均衡、教育水平相对较高。其余地区风险投资、创新投入产出规模相对欠佳。

表4-3　投资事件地区分布

年份	东部（笔）	中部（笔）	西部（笔）	东北（笔）	其他（笔）	总计（笔）	北京（笔）	广东（笔）	上海（笔）	江苏（笔）	浙江（笔）	排名前五占比（%）
2005	27	5	4	0	0	36	10	8	2	3	4	75.00
2006	33	4	5	0	1	43	9	8	2	2	5	60.47
2007	94	17	8	2	0	121	16	28	12	17	11	69.42
2008	93	16	16	2	0	127	22	20	8	19	13	64.57
2009	127	24	23	1	2	177	24	25	14	25	16	58.76
2010	237	49	53	5	2	346	51	48	24	46	33	58.38
2011	276	57	51	11	2	397	52	55	31	61	17	54.41
2012	236	39	51	7	2	335	56	66	24	33	24	60.60
2013	224	29	24	2	3	282	68	51	35	19	17	67.38
2014	335	34	32	4	10	415	112	85	53	37	23	74.70

① 东北地区（3个省份）：辽宁、吉林、黑龙江；东部地区（11个省份）北京、天津、河北、上海、江苏、浙江、福建、山东、广东、海南、台湾；中部地区（6个省份）：山西、安徽、江西、河南、湖北、湖南；西部地区（12个省份）：内蒙古、广西、重庆、四川、贵州、云南、西藏、陕西、甘肃、青海、宁夏、新疆。

续表

年份	东部（笔）	中部（笔）	西部（笔）	东北（笔）	其他（笔）	总计（笔）	北京（笔）	广东（笔）	上海（笔）	江苏（笔）	浙江（笔）	排名前五占比（%）
2015	762	67	50	12	9	900	271	148	134	68	69	76.67
2016	819	52	57	15	46	989	276	202	110	67	89	75.23
2017	853	96	71	22	23	1065	237	190	144	96	95	71.55
合计	4116	489	445	83	100	5233	1204	934	593	493	416	69.56

近年来，各地区均制定"创新创业发展战略"，出台双创相关实施意见。表4-3显示投资数量排名前五的地区是北京、广东、上海、江苏和浙江，占整个投资数量的69.56%。其中，京津冀、长三角、粤港澳地区产业资本积累深厚，政策出台稳准快，人才、资金储备雄厚，投资活跃度高。北京引领战略新兴行业发展，上海包容开放的营商环境培育了生物医药产业集群，带动生物技术和医药健康行业投资。广东在传统制造业基础上产业升级，数字通信、IC、智能硬件、智能终端产业表现突出。浙江和江苏两省科创氛围浓厚，拥有良好产业基础，高端制造产业规模领先、技术一流。互联网产业辐射周边，创新创业竞争优势突出。中西部地区承接东部地区产业转移，增加了中西部投资机会。总之，经济发达地区交通便利、企业流动资金充足、投资意识超前，跨地区投资较多，投资新兴行业的意愿较强。高铁开通也促进了跨区域远距离投资。

（3）投资阶段和投资轮次。创业企业融资轮次主要包含种子轮、天使轮、A轮、B轮、C轮、D轮等，部分企业还有Pre-A轮、A+轮，Pre-B轮、B+轮、C+轮甚至E轮、F轮、G轮，以及上市之前的Pre-IPO轮等。作为企业发展的早期阶段，种子轮融资目标是培育创业想法，将想法转化成产品，投资额一般位于

100万~300万元。同样，天使轮可能有成型的产品，但是没有大规模面向市场，缺乏以往的经营模式和利润指标参照，投资人看重的是创业者背景和团队，投资额在300万~600万元。Pre-A轮是A轮前最后一轮，融资600万~1000万元支持团队验证产品的市场表现。A轮融资的企业一般具有成熟团队，在行业内有强大技术优势或者商业模式，产品在市场得到验证，有用户数据支撑企业未来成长空间。创业企业通常在A轮融资中首次正式引入战略投资者，融资额在1000万~3000万元，如果是成熟企业，A轮的融资额度更大。B轮融资经过A轮资金的支持后，企业往往拥有成熟的产品、清晰的盈利模式和应用场景，业务扩张迅速，发展进入相对稳定阶段。融资规模根据行业类别而不同，多数在1000万~3000万美元。随着轮次不断增加，机构的投资风险逐渐减小，参与的风险投资机构与基金规模、体量更大。如果是单轮融资规模超过上亿美元的科技类创业公司，则有很大潜力步入估值超过10亿美金的独角兽行列。C轮融资看重企业盈利能力、产品覆盖范围、市场占有率、用户规模等指标，多样化的投资机构参与进来，融资规模更大。如果企业市场前景好、体量大，后期仍有风险投资机构抢投，加入D轮、E轮、F轮甚至G轮融资。上市前的Pre-IPO轮针对拟上市的优质企业，需要有资源的投资方如券商和投资银行加入梳理业务，为企业上市和并购做准备。

分阶段投资是风险资本运作的基本方式。为了便于观测数据，本节将种子轮、天使轮、Pre-A轮合并为天使轮，将A+轮、Pre-B轮合并入A轮，将B+轮、C+轮分别合并入B轮、C轮，将D轮、D+轮、E轮、F轮、G轮计入D+轮，公司上市之前的Pre-IPO轮等投资计入其他轮次。

　　从图 4-1 和图 4-2 投资轮次折线图和饼状图来看，上市公司的创业投资集中于早期投资的天使轮、A 轮和 B 轮。首先，53% 的投资项目为 A 轮投资，在时间轴线上 A 轮投资的数量远高于其他轮次并且飞速上升。其次，B 轮占比 18%，天使轮和 C 轮各占比 10%，D+轮和其他轮次共占比 9%。2015 年，天使轮和 A 轮数量达到顶峰，2016 年和 2017 年投资数量逐年下降，而 C 轮、D+轮和其他轮次等偏后期的投资轮次数量在 2015 年后依然保持上升趋势。这可能是因为在 2015 年投资峰值过后，受到证券市场股票市值大跌的影响，加之资本市场资金不充裕，上市公司对于投资项目较为谨慎，选择后期成熟项目以减少不确定性、规避风险。尤其是初创企业公开发行上市前入股的 Pre-IPO 项目的投资数量和投资金额上涨较快，部分企业存在突击入股、短期逐利的行为。

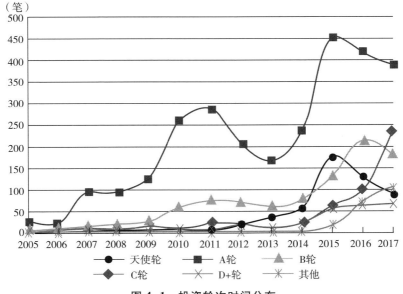

图 4-1　投资轮次时间分布

资料来源：清科私募通数据库。

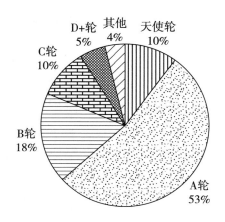

图 4-2 投资轮次比例分布

资料来源：清科私募通数据库。

风险资本进入创业企业通常划分为种子期、初创期、扩张期、成熟期四个阶段。对于高科技创业企业来说，种子期指技术的发明阶段，资金需求量少，发明家创始人引入风险投资家共同合作开发技术，以应对可能出现的技术风险、市场风险。初创期指技术商业化、进一步改进后，产品测试完成进入试销阶段，资金投入增加，除技术、市场风险不确定外，管理风格也对企业能否成功至关重要。扩张期指技术发展和生产扩大，企业开拓市场、初具规模效应。原有风险投资机构追加投资、新的风险资本进入。这一阶段的成熟技术吸引竞争者模仿，市场风险、企业管理风险增加，机构投资者通常进入董事会，提供管理咨询、参与重大事项决策以降低风险。成熟期指创业企业技术发展成熟、产品量产，资金需求量非常大，但是企业可以依托稳定的市场和现金流获取银行贷款、发行债券。风险投资者较少增资，着手准备退出企业，享受丰厚回报。风险投资的四个投入阶段对应产品生命周期理论的四个过程，可以根据企业销售增长率的变化来判断企业成长归属哪个阶段。从图 4-3 投资阶段饼状图来看，归属于种子期和初创期的被投资企业分别有 13% 和 19%，位于扩张期的被投资企业有 42%，而 26% 的被投资企业属于成熟期。初创企业处于不同的发展阶段，投资与被投资企业的协同效应也不同。

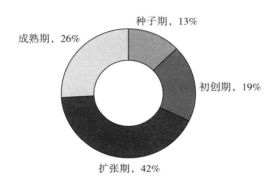

图 4-3　投资阶段分布

资料来源：清科私募通数据库。

2. 专利样本分布——上市公司角度

企业专利申请量在一定程度上代表了企业自身的技术创新能力。表 4-4 为 2005~2017 年我国上市公司专利申请量的样本分布情况，2005~2017 年专利申请总量从 1 万余件增至 24 万余件，发明专利占比由 42.94% 提升至 46.52%，实用新型专利总体占比为 43.79%，外观设计专利总体占比 9.63%。发明专利和实用新型专利申请量伴随着企业发展一路攀升，说明上市公司技术创新能力不断提升。国有企业专利申请量在所有企业申请量中占比 55.05%，非国有企业整体占比 44.95%。值得注意的是，非国有企业专利申请量从 2005 年的 23.03% 提升至 2017 年的 51.88%，说明技术进步在民营经济的发展中得到明显体现。从专利申请量的地区分布来看，东部地区申请量始终保持在 80% 左右，中部地区和西部地区在 10% 和 8% 左右。整体来看，东部地区经济发达，企业技术积累深厚。中部、西部和东北地区需要加快技术追赶速度，重视技术资本的投入和提升创新产出。

表 4-4　2005~2017 年我国上市公司专利申请量样本分布　单位：件

年份	专利申请总量	分类型			分产权性质		分地区			
		发明专利	实用新型专利	外观设计专利	国有企业	非国有企业	东部地区	中部地区	西部地区	东北地区
2005	10849	4659	3521	2669	8351	2498	8730	802	1138	179
2006	15248	6916	4443	3889	11961	3287	12108	968	1801	371
2007	22111	11545	6650	3916	17361	4750	18213	1508	2006	384
2008	28277	13755	10017	4505	21401	6876	22517	2343	2613	804
2009	39977	18986	15538	5453	23343	16634	32104	3520	3327	1026
2010	54419	24704	23539	6176	38134	16285	42978	4982	4719	1740
2011	85787	36753	39633	9401	53548	32239	65594	10240	7564	2389
2012	107733	46618	50695	10420	68564	39169	81835	12677	10407	2814
2013	125537	56450	58117	10970	76727	48810	97558	14489	10759	2731
2014	151648	71635	66188	13825	85955	65693	118402	17664	12991	2591
2015	192631	91711	85180	15740	93582	99049	152530	21623	15500	2978
2016	237340	115567	103235	18538	108260	129080	190734	24234	17909	4463
2017	248795	115751	111362	21682	119729	129066	200474	26024	18731	3566
合计	1320352	615050	578118	127184	726916	593436	1043777	141074	109465	26036

3. 主要变量描述性统计

表 4-5 报告了本章主要变量的描述性统计结果。由表可知，样本企业创新产出（Patent）的均值为 2.964，中位数为 2.890，

标准差为 1.404，说明样本企业专利申请量存在明显差异。有4.8%的样本企业有对外创业投资行为，年度投资事件（Cvcn）的标准差为 2.035，说明样本企业投资项目数差异较大，最多的企业一年有 95 次投资。取对数之后的年度投资金额（Cvca-mount）为 0.829，标准差为 3.708，由于考虑了投资比例，年度投资金额在样本企业中差距明显。此外，从控制变量的统计结果来看，样本企业的规模（Size）、年龄（Age）、资产负债率（Lev）、大股东持股比例（Top）个体差异明显，约 26.3% 的企业存在两职合一（Dual）现象，而盈利能力（ROA）和经营活动现金流水平（OCF）在样本企业中差异不明显。

表 4-5　主要变量描述性统计

变量	样本数	均值	标准差	p25	p50	p75	最小值	最大值
Patent	17734	2.964	1.404	1.946	2.890	3.850	0.693	9.909
Cvcif	17734	0.048	0.214	0	0	0	0	1
Cvcn	17734	0.179	2.035	0	0	0	0	95
Cvcamount	17734	0.829	3.708	0	0	0	0	22.526
Size	17734	21.977	1.305	21.046	21.770	22.659	16.704	28.509
Age	17734	2.662	0.413	2.398	2.708	2.944	0	3.932
Lev	17734	0.439	0.953	0.254	0.415	0.580	0.007	96.959
ROA	17734	0.043	0.189	0.016	0.040	0.069	-5.259	22.005
OCF	17734	0.044	0.072	0.006	0.043	0.084	-0.650	0.661
SOE	17734	0.400	0.490	0	0	1	0	1
Top	17734	35.432	15.032	23.590	33.710	45.550	0.290	89.090
Dual	17734	0.263	0.440	0	0	1	0	1

（二）回归结果分析

模型（4-1）的回归结果如表4-6所示，列（1）显示，Cvcif 的系数为正，并通过了1%水平显著性检验。说明公司参与创业投资能够积极影响自身当期的创新产出，提高专利申请总量（Patent）。本书认为公司创业投资的正向影响不止作用于当前一期，外部创业投资行为增强了公司的风险和竞争意识，激励企业开展内部研发，对后期创新活动也产生影响。因此，列（3）检验了当期创业投资行为对递延一期（t+1）企业专利申请总量的影响。是否有突破性创新是评价企业技术创新能力的一项重要指标，发明专利越多代表企业创新活动质量越高。行业领先企业，不满足于实施策略性创新（如实用新型专利和外观设计专利）以改进工艺和生产流程，具有外部性的公司创业投资更有利于企业实施突破性创新，开发新技术推出新的产品。因此，列（2）和列（4）再次检验了创业投资行为对企业当期（t）及递延一期（t+1）发明专利申请量（Patent1）的正向效应，相关系数均在1%水平显著。说明假设4成立。同时，在模型中加入 Cvcif 的平方项，但该平方项不显著（未报告结果），说明公司创业投资与其自身的技术创新水平是线性关系，不存在 U 形或者倒 U 形关系。

表4-6 公司创业投资与技术创新回归结果

变量	当期（t）		递延一期（t+1）	
	（1） Patent	（2） Patent1	（3） Patent	（4） Patent1
Cvcif	0.224 ***	0.215 ***	0.250 ***	0.239 ***
	（5.40）	（4.78）	（5.36）	（4.63）

续表

变量	当期（t）		递延一期（t+1）	
	（1） Patent	（2） Patent1	（3） Patent	（4） Patent1
Size	0.521***	0.537***	0.506***	0.532***
	（53.46）	（52.95）	（45.45）	（45.28）
Age	−0.161***	−0.165***	−0.171***	−0.187***
	（−6.51）	（−6.38）	（−6.40）	（−6.55）
Lev	−0.018	−0.240***	0.097	−0.128*
	（−0.32）	（−4.18）	（1.53）	（−1.93）
ROA	2.250***	2.064***	3.383***	3.280***
	（10.99）	（9.73）	（14.42）	（13.37）
OCF	0.200	0.053	0.309*	0.196
	（1.39）	（0.35）	（1.89）	（1.13）
SOE	−0.026	0.073***	−0.013	0.090***
	（−1.24）	（3.29）	（−0.54）	（3.63）
Top	−0.002***	−0.004***	−0.002***	−0.004***
	（−2.91）	（−6.76）	（−2.77）	（−6.06）
Dual	0.076***	0.089***	0.069***	0.091***
	（3.91）	（4.32）	（3.15）	（3.87）
Constant	−9.430***	−10.401***	−8.935***	−10.095***
	（−43.32）	（−45.81）	（−35.41）	（−37.58）
Year	Yes	Yes	Yes	Yes
Industry	Yes	Yes	Yes	Yes
N	17734	17734	13833	13833
R^2	0.365	0.322	0.350	0.308
r2_a	0.364	0.321	0.348	0.306
F	228.0	189.0	—	—

注：***、**、* 分别表示参数估计值在 1%、5%、10% 水平显著；括号内数据为各参数估计值的 T 值；各变量系数经过异方差调整。下同。

四、进一步讨论

本节首先讨论投资公司处于不同生命周期时，CVC 投资对技术创新的作用差异；其次探讨初创企业接收投资时所处投资阶段，将投资公司生命周期与被投资企业投资阶段匹配，找出创业投资作用最显著的期间或阶段；最后考虑 CVC 投资在直接投资、合伙或合资投资、参投投资这三种不同投资模式下的作用差异。

（一）投资公司生命周期

对生命周期的划分借鉴曹裕等（2010）、Dickinson（2011）的做法，使用现金流组合法将企业分为成长期、成熟期和衰退期三个阶段。结果如表 4-7 所示，位于成长期和成熟期企业的投资效果较好，而衰退期企业 Cvcif 系数不显著。虽然衰退期企业更有通过外部创新寻求新的利润增长点的需求，但是可能由于战略不匹配，筛选企业不符合自身的技术需求，创新效果不明显。在各个阶段，衰退期企业样本最少，这也说明衰退期企业通过外部投资寻求突破的意识不强。

表 4-7　CVC 投资与技术创新——投资公司生命周期特征分组

变量	当期（t）			递延一期（t+1）		
	（1） 成长期	（2） 成熟期	（3） 衰退期	（4） 成长期	（5） 成熟期	（6） 衰退期
Cvcif	0.234 ***	0.291 ***	0.038	0.281 ***	0.220 ***	0.127
	（4.15）	（3.96）	（0.35）	（4.45）	（2.59）	（1.05）
Constant	−9.251 ***	−9.956 ***	−9.053 ***	−8.625 ***	−9.671 ***	−8.846 ***
	（−29.69）	（−26.13）	（−16.27）	（−24.22）	（−22.59）	（−13.13）
Control Variables	Yes	Yes	Yes	Yes	Yes	Yes
Year	Yes	Yes	Yes	Yes	Yes	Yes
Industry	Yes	Yes	Yes	Yes	Yes	Yes
N	9196	5824	2712	7152	4685	1995
R^2	0.352	0.394	0.368	0.343	0.374	0.345
r2_a	0.349	0.390	0.359	0.339	0.369	0.332
F	115.6	88.38	35.75	—	64.67	26.18

（二）初创企业投资阶段

初创企业投资阶段分为种子期、初创期、扩张期、成熟期。本节将种子期企业归入初创期，将每个期间的投资事件分离出来与投资公司匹配。最终统计了初创期、扩张期和成熟期投资下CVC 对技术创新作用的显著性。从表 4-8 可以看出，无论当期还是递延一期，投资扩张期企业的效果最好。由于当期样本相同，可以比较系数大小，扩张期的系数为 0.273，初创期和成熟期分别为 0.185 和 0.174。由于扩张期企业技术相对成熟，经过市场验证已经成功商业化，对投资企业来说，技术跟随和技术合作的可能性较大，双方协同效应可能最大。而初创期企业本身所处早期阶段，产品或技术适用范围小，前景不明朗。成熟期企业对于合作和技术保密要求高，同时由于投资后期联合投资方比较多，单个投资企业的受益份额较小。此时，财务回报大于技术创新回报，大于战略回报。

表 4-8　CVC 投资与技术创新——初创企业投资阶段分组

变量	当期（t）			递延一期（t+1）		
	（1） 初创期	（2） 扩张期	（3） 成熟期	（4） 初创期	（5） 扩张期	（6） 成熟期
Cvcif	0.185 ***	0.273 ***	0.174 **	0.231 ***	0.301 ***	0.101
	(3.17)	(5.03)	(2.49)	(3.61)	(4.85)	(1.27)
Constant	-9.496 ***	-9.460 ***	-9.523 ***	-8.990 ***	-8.967 ***	-9.041 ***
	(-43.78)	(-43.55)	(-44.01)	(-35.66)	(-35.61)	(-35.96)
Control Variables	Yes	Yes	Yes	Yes	Yes	Yes
Year	Yes	Yes	Yes	Yes	Yes	Yes
Industry	Yes	Yes	Yes	Yes	Yes	Yes
N	17734	17734	17734	13833	13833	13833
R^2	0.365	0.365	0.364	0.350	0.350	0.349
r2_a	0.363	0.364	0.363	0.348	0.348	0.347
F	226.3	227.7	225.8	—	—	—

（三）生命周期与投资阶段匹配

将投资企业生命周期与初创企业投资阶段匹配后，回归结果如表 4-9 所示，进一步归纳为如表 4-10 所示的矩阵。由两表可知，成长期、成熟期投资企业与扩张期初创企业最匹配，彼此发挥效用最大。对于成长期投资企业来说，此时对技术和机会的敏感度，能够识别优质项目，尤其是对于扩张期初创企业的新技术。对于成熟期投资企业来说，此时拥有丰厚的现金流和成熟的管理经验提供给扩张期企业，二者需求匹配。

表 4-9　投资企业生命周期与初创企业投资阶段匹配结果

初创企业	投资公司								
	（1）成长期	（2）成熟期	（3）衰退期	（4）成长期	（5）成熟期	（6）衰退期	（7）成长期	（8）成熟期	（9）衰退期
初创期	0.185** (2.27)	0.244** (2.39)	0.063 (0.47)						
扩张期				0.318*** (4.27)	0.363*** (3.86)	-0.123 (-0.92)			
成熟期							0.212** (2.39)	0.187 (1.40)	-0.082 (-0.39)
Constant	-9.330*** (-30.07)	-10.035*** (-26.44)	-9.050*** (-16.26)	-9.286*** (-29.93)	-9.979*** (-26.23)	-9.130*** (-16.37)	-9.362*** (-30.29)	-10.040*** (-26.45)	-9.083*** (-16.42)
Control Variables	Yes	Yes	Yes	Yes	Yes	Yes	Yes	Yes	Yes
Year	Yes	Yes	Yes	Yes	Yes	Yes	Yes	Yes	Yes
Industry	Yes	Yes	Yes	Yes	Yes	Yes	Yes	Yes	Yes
N	9196	5824	2712	9196	5824	2712	9196	5824	2712
R^2	0.351	0.393	0.368	0.352	0.394	0.368	0.351	0.393	0.368
r2_a	0.348	0.389	0.359	0.349	0.390	0.359	0.348	0.388	0.359
F	114.6	87.38	35.75	115.6	88.57	35.70	114.8	86.77	35.87

表 4-10　投资企业与初创企业匹配矩阵

投资阶段	成长期	成熟期	衰退期
初创期	0.185** (2.27)	0.244** (2.39)	0.063 (0.47)
扩张期	**0.318***** (4.27)	**0.363***** (3.86)	-0.123 (-0.92)
成熟期	0.212** (2.39)	0.187 (1.40)	-0.082 (-0.39)
N	9196	5824	2712

（四）直投、合投与参投

本书将 CVC 投资分为直接投资（直投）、成立合资或合伙创业投资企业投资（合投）、通过参股独立风险投资机构进行间接投（参投）三种类型。三类的投资效果存在差异，如表 4-11 所示，直投和合投模式投资显著，而参投模式系数并不显著。由于参投模式不直接接触被投资企业，因此对自身的技术创新效果影响很小。而直投和合投模式有可能向初创企业董事会派驻人员，并且在合投模式下，投资企业与其他投资方交流密切，信息效应明显，因此，直投和合投模式对企业自身技术创新能力提升最有帮助。

表 4-11　不同投资类型 CVC 投资效果

变量	当前期			递延一期		
	（1） 直投	（2） 合投	（3） 参投	（4） 直投	（5） 合投	（6） 参投
Cvcif	0.107*	0.340***	0.068	0.158**	0.307***	0.101
	(1.81)	(6.09)	(0.53)	(2.28)	(5.00)	(1.27)
Constant	-9.533***	-9.443***	-9.558***	-8.964***	-8.967***	-9.052***
	(-43.97)	(-43.55)	(-44.23)	(-35.61)	(-35.61)	(-36.03)
Control Variables	Yes	Yes	Yes	Yes	Yes	Yes
Year	Yes	Yes	Yes	Yes	Yes	Yes
Industry	Yes	Yes	Yes	Yes	Yes	Yes
Observations	17734	17734	17734	13833	13833	13833
R^2	0.364	0.365	0.364	0.349	0.350	0.349
r2_a	0.363	0.364	0.363	0.347	0.348	0.347
F	225.4	229.0	225.1	—	—	—

五、稳健性检验

为了确保实证结果稳健，本节从多角度进行稳健性检验。

（一）替换解释变量（Cvcif）

企业年度投资事件越多，意味着企业与外部交流多，知识和技术的溢出效应更强。企业形成的投资组合中初创企业数量越多、跨越行业越多，越容易形成多元化的知识结构、信息交流速度快、捕捉到的信息内容呈几何状增长。创业投资年度投资次数越多，创业投资对企业技术创新促进越强。并且，投资金额越高，公司在初创企业中持股比例越高，越具有话语权，初创企业与投资企业的技术联系越紧密。因此，使用年度投资事件（Cvcn）和年度投资金额（Cvcamount）替代是否参与创业投资（Cvcif）进行回归检验。当期及递延一期回归结果如表 4-12 所示，关键系数均在 1% 水平显著，假设 4 得到支持。

表 4-12　稳健性检验——公司创业投资的其他衡量方式

变量	当期（t）				递延一期（t+1）			
	（1） Patent	（2） Patent1	（3） Patent	（4） Patent1	（5） Patent	（6） Patent1	（7） Patent	（8） Patent1
Cvcn	0.106 ***	0.097 ***			0.125 ***	0.113 ***		
	（4.63）	（4.03）			（4.84）	（4.17）		

续表

变量	当期（t）				递延一期（t+1）			
	（1） Patent	（2） Patent1	（3） Patent	（4） Patent1	（5） Patent	（6） Patent1	（7） Patent	（8） Patent1
Cvcamount			0.013 ***	0.012 ***			0.015 ***	0.015 ***
			(5.33)	(4.70)			(5.49)	(4.71)
Constant	−9.444 ***	−10.420 ***	−9.424 ***	−10.397 ***	−8.944 ***	−10.109 ***	−8.924 ***	−10.085 ***
	(−43.42)	(−45.95)	(−43.27)	(−45.77)	(−35.43)	(−37.63)	(−35.34)	(−37.52)
Control Variable	Yes	Yes	Yes	Yes	Yes	Yes	Yes	Yes
Year	Yes	Yes	Yes	Yes	Yes	Yes	Yes	Yes
Industry	Yes	Yes	Yes	Yes	Yes	Yes	Yes	Yes
N	17734	17734	17734	17734	13833	13833	13833	13833
R^2	0.365	0.322	0.365	0.322	0.350	0.307	0.350	0.308
r2_a	0.364	0.321	0.364	0.321	0.348	0.305	0.349	0.306
F	227.6	188.9	227.9	189.0	—	—	—	—

（二）替换被解释变量（Patent）

发明专利技术含量较高，实用新型专利可以用于改进生产流程、改进工艺水平，因此选用发明专利和实用新型专利申请量之和作为技术创新的替代变量重新进行回归。结果如表4-13所示，无论当期还是递延一期，公司是否参与创业投资（Cvcif）、年度投资事件（Cvcn）及年度投资金额（Cvcamount）均对技术创新能力产生正向影响，研究结论保持不变。

表 4-13　稳健性检验——技术创新的其他衡量方式

变量	当期（t）			递延一期（t+1）		
	（1）	（2）	（3）	（4）	（5）	（6）
	Patent1_2			Patent1_2		
Cvcif	0.180***			0.210***		
	(4.27)			(4.37)		
Cvcn		0.086***			0.106***	
		(3.82)			(4.09)	
Cvcamount			0.011***			0.013***
			(4.24)			(4.51)
Constant	−9.956***	−9.966***	−9.952***	−9.435***	−9.442***	−9.425***
	(−44.93)	(−45.00)	(−44.88)	(−36.72)	(−36.73)	(−36.66)
Control Variable	Yes	Yes	Yes	Yes	Yes	Yes
Year	Yes	Yes	Yes	Yes	Yes	Yes
Industry	Yes	Yes	Yes	Yes	Yes	Yes
N	17734	17734	17734	13833	13833	13833
R^2	0.393	0.392	0.393	0.375	0.375	0.375
r2_a	0.391	0.391	0.391	0.373	0.373	0.373
F	263.9	263.8	263.9	—	—	—

（三）递延两期（t+2）被解释变量

一方面，公司创业投资行为对企业创新活动的实质性影响可能持续超过两个会计期间，因此把被解释变量专利申请量（Patent/Patent1）递延两个会计期间，即检验 t 期创业投资对 t+2 期技术创新水平的影响。另一方面，创新能力强的企业基于向外搜寻技术、获得创新想法的目的，可能有意识寻找技术相关性强的创业项目并加大对初创企业的投资，表现为具有创新能力强的企业创业投资较多。利用递延两期的检验解决这一可能存在的反向

公司创业投资与技术创新：理论与证据

因果问题，回归结果如表 4-14 所示，与 t 期和 t+1 期检验结果一致。

表 4-14　稳健性检验——t+2 期回归结果

变量	（1）Patent	（2）Patent1	（3）Patent	（4）Patent1	（5）Patent	（6）Patent1
Cvcif	0.265*** (4.40)	0.297*** (4.59)				
Cvcn			0.129*** (4.18)	0.139*** (4.23)		
Cvcamount					0.016*** (4.41)	0.018*** (4.69)
Constant	-8.495*** (-30.38)	-9.516*** (-31.87)	-8.506*** (-30.44)	-9.532*** (-31.97)	-8.488*** (-30.34)	-9.506*** (-31.84)
Control Variable	Yes	Yes	Yes	Yes	Yes	Yes
Year	Yes	Yes	Yes	Yes	Yes	Yes
Industry	Yes	Yes	Yes	Yes	Yes	Yes
N	11791	11791	11791	11791	11791	11791
R^2	0.335	0.292	0.335	0.291	0.335	0.292
r2_a	0.333	0.289	0.333	0.289	0.333	0.289

（四）使用负二项模型

由于被解释变量为专利申请量，面板泊松回归模型和面板负二项回归模型更适合计数变量的面板数据。但是泊松回归假设均等分散即方差等于期望，如果存在过度分散，则考虑负二项回归。使用负二项模型进行稳健性检验，解释变量为是否参与创业投资（Cvcif）、年度投资事件（Cvcn）和年度投资金额（Cvcamount），被解释变量为企业年度专利申请数量之和（Apply）以

092

及发明专利申请量（Iapply），模型回归结果如表 4-15、表 4-16 所示，假设 4 解释变量回归系数在当期及递延一期均正向显著。

表 4-15 稳健性检验——负二项模型回归当期结果

变量	当期（t）					
	（1）Apply	（2）Iapply	（3）Apply	（4）Iapply	（5）Apply	（6）Iapply
Cvcif	0. 154 ***	0. 127 ***				
	-3. 21	-2. 73				
Cvcn			0. 078 ***	0. 045 **		
			-2. 93	-2. 00		
Cvcamount					0. 009 ***	0. 007 ***
					-3. 12	-2. 62
Constant	-10. 833 ***	-13. 081 ***	-10. 837 ***	-13. 105 ***	-10. 831 ***	-13. 082 ***
	（-40. 99）	（-40. 94）	（-41. 03）	（-41. 03）	（-40. 95）	（-40. 93）
Control Variable	Yes	Yes	Yes	Yes	Yes	Yes
Year	Yes	Yes	Yes	Yes	Yes	Yes
Industry	Yes	Yes	Yes	Yes	Yes	Yes
N	17734	17734	17734	17734	17734	17734
Wald chi^2	8030. 03	8000. 41	8022. 79	8009. 88	8027. 51	8000. 05
Pseudo r^2	0. 0701	0. 0727	0. 0701	0. 0726	0. 0701	0. 0727

表 4-16 稳健性检验——负二项模型回归递延一期结果

变量	递延一期（t+1）					
	（1）Apply	（2）Iapply	（3）Apply	（4）Iapply	（5）Apply	（6）Iapply
Cvcif	0. 198 ***	0. 162 **				
	-2. 9	-2. 10				
Cvcn			0. 117 ***	0. 079 *		
			-3. 11	-1. 79		

续表

变量	递延一期（t+1）					
	（1）Apply	（2）Iapply	（3）Apply	（4）Iapply	（5）Apply	（6）Iapply
Cvcamount					0.012*** -3.00	0.010** -2.14
Constant	-9.573*** (-31.94)	-11.672*** (-33.60)	-9.565*** (-31.97)	-11.677*** (-33.49)	-9.565*** (-31.89)	-11.663*** (-33.49)
Control Variable	Yes	Yes	Yes	Yes	Yes	Yes
Year	Yes	Yes	Yes	Yes	Yes	Yes
Industry	Yes	Yes	Yes	Yes	Yes	Yes
N	13833	13833	13833	13833	13833	13833
Pseudo r^2	0.0642	0.0660	0.0642	0.0660	0.0642	0.0660

（五）内生性问题

常见的内生性问题通常有反向因果、遗漏关键变量、样本选择偏误和自选择等问题。创新企业具有区域聚集的特性，美国"硅谷模式"诞生了如谷歌、英特尔、苹果等一大批科技企业。我国也通过建立科技园和高新区促进知识和技术在大学、研究和开发机构与企业之间的快速流动，加速技术商业化。入驻高新区的高新技术企业普遍拥有较高的研发水平，在市场中常常拥有话语权和抢占市场先机的能力。高新区内还有软件园、产业园、高新创业园、孵化器、大学科技园、留学创业中心等园中园以及科技研发平台、产业孵化平台、公共服务平台。初创企业入驻高新区不但能享受税收优惠和良好的工业基础设施，还可以与其他高新企业产生良性互动，合作开发新项目。此外，许多投资机构也可享受各项优惠政策入驻科技园内，足不出园即可择优投资项目，降低信息不对称和项目筛选成本。一般来说，高新区或产业园规模越大、产值越高，高技术含量的初创企业可能越多，发生的风险投资事件越多。上海张江高科技园区一年的风险投资项目多达千个。许多投资机构的注册地设在高新技术开发区、经济开发区、自贸区和产业园。截至 2019 年，我国共有国家级高新技术产业开发区 169 家，产值达到 12.2 万亿元。为了解决内生性问题，本书选择初创企业（被投资企业）所在地区国家级高新区数量作为工具变量，使用 GMM 模型进行检验。如果公司一年内有多个投资项目位于不同省份，则按照各个项目投资额权重乘以高新区数量计算高新区总量。该工具变量与公司创业投资行为相关，但与该公司本身的技术创新能力无关，具有外生性。

此外，企业技术创新活动存在自主性和保密性，公开披露的创新投入和创新产出信息不一定完整，使用 Heckman 两阶段法修正样本选择偏误和自选择等内生性问题。GMM 模型和 Heckman 模型回归结果如表 4-17 所示，假设 4 结论保持不变。

表 4-17　稳健性检验——工具变量 GMM 模型和 Heckman 模型

变量	GMM				Heckman			
	当期（t）		递延一期（t+1）		当期（t）		递延一期（t+1）	
	(1) Patent	(2) Patent1	(3) Patent	(4) Patent1	(5) Patent	(6) Patent1	(7) Patent	(8) Patent1
Cvcif	0.288 *** (5.81)	0.298 *** (5.44)	0.288 *** (5.20)	0.275 *** (4.40)	0.199 *** (4.75)	0.182 *** (4.00)	0.219 *** (4.66)	0.202 *** (3.89)
Size	0.519 *** (53.02)	0.535 *** (52.44)	0.505 *** (45.22)	0.530 *** (45.08)	1.983 *** (6.43)	2.487 *** (7.76)	2.661 *** (7.59)	3.066 *** (8.08)
Age	-0.161 *** (-6.51)	-0.165 *** (-6.37)	-0.171 *** (-6.42)	-0.187 *** (-6.57)	0.527 *** (3.58)	0.753 *** (4.93)	0.844 *** (5.02)	1.006 *** (5.56)

续表

变量	GMM				Heckman			
	当期（t）		递延一期（t+1）		当期（t）		递延一期（t+1）	
	（1）Patent	（2）Patent1	（3）Patent	（4）Patent1	（5）Patent	（6）Patent1	（7）Patent	（8）Patent1
Lev	-0.016	-0.238***	0.098	-0.128*	-2.744***	-3.876***	-3.917***	-4.847***
	(-0.29)	(-4.14)	(1.54)	(-1.92)	(-4.75)	(-6.46)	(-5.95)	(-6.82)
ROA	2.242***	2.053***	3.377***	3.275***	9.559***	11.810***	14.133***	15.918***
	(10.96)	(9.69)	(14.40)	(13.36)	(6.14)	(7.30)	(8.02)	(8.36)
OCF	0.202	0.055	0.311*	0.198	-2.192***	-3.137***	-3.215***	-3.946***
	(1.41)	(0.37)	(1.90)	(1.14)	(-4.19)	(-5.75)	(-5.43)	(-6.14)
SOE	-0.024	0.075***	-0.012	0.091***	-1.694***	-2.151***	-2.472***	-2.801***
	(-1.15)	(3.40)	(-0.51)	(3.66)	(-4.80)	(-5.87)	(-6.16)	(-6.46)
Top	-0.002***	-0.004***	-0.002***	-0.004***	-0.036***	-0.049***	-0.052***	-0.063***
	(-2.86)	(-6.70)	(-2.77)	(-6.06)	(-4.96)	(-6.63)	(-6.34)	(-7.14)
Dual	0.075***	0.088***	0.068***	0.091***	0.791***	1.043***	1.124***	1.332***
	(3.88)	(4.27)	(3.14)	(3.86)	(5.20)	(6.59)	(6.49)	(7.11)
IMR					5.593***	7.458***	8.232***	9.677***
					(4.76)	(6.11)	(6.15)	(6.69)
Constant	-9.392***	-10.353***	-8.935***	-10.091***	-53.013***	-68.517***	-73.140***	-85.571***
	(-43.05)	(-45.46)	(-35.33)	(-37.53)	(-5.77)	(-7.18)	(-7.00)	(-7.57)
Year	Yes	Yes	Yes	Yes	Yes	Yes	Yes	Yes
Industry	Yes	Yes	Yes	Yes	Yes	Yes	Yes	Yes
N	17734	17734	13833	13833	17734	17734	13833	13833
R^2	0.365	0.322	0.350	0.307	0.366	0.324	0.352	0.310
r2_a	0.364	0.321	0.348	0.305	0.365	0.322	0.350	0.308
F	—	—	—	—	225.8	188.0	—	—
Wald chi^2	9169.51	7600.86	6564.77	5479.21	—	—	—	—

六、本章小结

　　本章对公司创业投资与自身技术创新之间的关系进行了理论推导和实证检验。经过数据挖掘发现公司直接投资数量和占比逐年上升，从 2005 年的 5.56% 上升至 2017 年的 41.13%。参投事件数量也稳步上升，然而参投占比出现较大下滑趋势。直接投资和参投 IVC 呈现此消彼长的关系。创业投资活动具有地域性，主要投资于东部地区，集中于北京、上海、广东、江浙地区。主要投资于早期项目的天使轮和 A 轮、B 轮，并且受到互联网周期以及资本市场的影响，CVC 投资于 2016 年达到顶峰后逐年下降。

　　公司对初创企业进行投资之前，一般会充分考察市场、聘用机构进行尽职调查，了解新兴技术领域和市场未来发展方向，随着投资合作的深入，投资行为对其自身技术创新能力的影响将持续多个期间。实证结果表明，创业投资活动对当期及之后的 1~2 个会计年度的创新活动均有正向积极影响。不仅是否参与创业投资会影响技术创新产出，年度投资次数越多及投资金额越大均会对技术创新及实质性创新产生正向作用。将投资企业生命周期与初创企业的投资阶段相匹配后发现，成长期、成熟期企业对扩张期新创企业投资最有利于投资企业自身创新能力的提升。衰退期企业投资比例最小，对企业自身无显著效果。同时，大公司在直投和合投模式下自身创新绩效获益最多，而参投 IVC 机构的投资模式收益最小。

第五章

公司创业投资对技术创新的作用机制与影响因素

　　公司创业投资可以通过引入外部技术进行探索性学习从而影响创新绩效，也可以通过改善内部创新项目的管理来积极提高创新的产出率（Thornhill 和 Amit，2001），即 CVC 投资对创新绩效既有直接效应又有间接效应。本章讨论公司创业投资对技术创新的影响路径以及内外部影响因素。其中，企业进行创业投资的战略目标之一是开拓新业务、新市场，培育新的利润增长点，因此业务多元化的企业更容易开展创业投资活动，但是多元化是否对企业的技术吸收能力产生影响。本书在收集数据的过程中发现，许多公司创业投资机构的法人是公司高管及董事会成员，那么能力较强的管理者制定与企业自身相匹配的战略，是否更有利于企业整体的技术进步与创新。此外，市场竞争产生的压力促使企业密切关注对手，积极创新、提高生产和组织运营效率，因此市场竞争是否促使公司通过创业投资寻求外部创新。同时，金融发展缓解融资约束，有利于创新投入和创业投资。那么创业投资对金融发达地区企业的技术创新促进作用更大吗？基于以上问题，本章从业务多元化、管理者能力、产品市场竞争、地区金融发展四个方面考虑其对 CVC 投资与技术创新关系的影响。

一、公司创业投资对技术创新的作用机制

（一）理论分析与假设提出

有观点认为创业投资挤出内部研发，是企业研发投入的替代。也有观点认为 CVC 投资作为内部创新的替代机制，可能抑制研发投入或者挤压内部研发低效的项目，以提升整体创新效率（Kim 等，2016；Guo 等，2018）。然而，本书认为 CVC 投资激发内部创新，刺激企业加大研发投入。

首先，大部分成熟企业存在内部创新阻力，其创新执行效率、创新效果低于新创企业。而 CVC 投资是企业获取新知识、接触新技术、监控市场变化的窗口，通过组织间学习，企业可以重构现有的知识、技术，进行开发性学习，激发内部创新活动。通过 CVC 投资，大企业对与自身相关的技术领域有清晰的认知，明确哪些是新兴技术和未来发展方向，哪些是有潜力的高回报研发领域，因此企业进行内部研发可以做到有的放矢，提高研发资源利用效率，对落后市场的研究领域补充投资，进行技术追赶，放弃低效、无效的研发项目，对潜力巨大、成功率高的领域加大投放。CVC 投资促进企业内部研发效率，激发创新投入。

其次，吸收外部知识与技术并非简单模仿，需要具备一定的吸收能力。企业吸收能力指企业识别外部新信息价值，并内化和应用、为自身带来新价值的能力。内部吸收能力的强弱影响外部

技术在内部企业的转化应用（王雷和桂成权，2015）。从开放式创新和组织资源视角来看，吸收能力可以划分为管理制度、社会资本、人力资本和研发资本等维度。吸收能力还可以划分为基础吸收能力和技术吸收能力。前者指经济、金融和基础设施等基础要素，后者指研发创新投入和人力资本存量等转化知识与技术溢出的人力、物力资源。企业本身具备一定的吸收能力，如人力资本、技术资本储备，但是当 CVC 投资拓宽了外部知识、技术的来源，企业应扩大相应储备以匹配外部新增资源。Lane 和 Lubatkin（1998）认为当来自创业企业的小合作伙伴为大企业提供具有战略价值的知识时，大企业不一定熟悉并成功迁移知识，造成外部学习的障碍。Wadhwa 和 Basu（2013）认为为了降低吸收外部知识和技术的不确定性，除了向初创企业进行资源承诺，建立更优质的合作关系，企业自身会加大研发投入向投资组合公司学习。

最后，创业投资聚焦于新行业、新兴技术领域，投资网络和投资联盟使企业接触到更多的企业和市场。如果同地区、同行业企业不断增加对新技术的投资与研发，由于同群效应存在，其他企业技术革新带来的同侪压力也会促使企业加大内部研发投入（罗福凯等，2018）。

综上所述，创业投资与研发投入并非此消彼长的替代关系，而是共同增长的交互效应。由此提出如下假设以验证研发投入的中介效应：

H5-1：公司创业投资可以促进内部研发投入，进而增加创新产出。

（二）研究设计

1. 样本选择与数据来源

本节样本为 2005~2017 年我国 A 股非金融上市公司，剔除基础数据缺失和上市状态异常的企业，并对连续变量进行上下 1% 分位的缩尾处理。所有财务数据均源于 CSMAR 数据库，研发投入数据来自该库公司研究子库——财务报表附注。

2. 变量定义

中介变量：研发投入（RD）。使用上市公司财务报表附注披露的研发费用的自然对数衡量企业研发投入，并使用研发投入强度（研发费用/总资产）进行稳健性检验。由于 CSMAR 数据库研发费用仅有 2007~2017 年的数据，因此使用数据从 2007 年开始。

本章其他变量定义与第四章一致。

3. 模型设定

根据温忠麟和叶宝娟（2014）对变量中介效应的检验方法，首先检验自变量（Cvcif）变动影响中介变量（RD）的程度，其次检验中介变量（RD）对因变量（Patent）产生怎样的影响，最后将自变量（Cvcif）和中介变量（RD）同时放入模型中，检验二者对因变量（Patent）的作用程度。本章设定如下三个模型：

$$RD_{i,t} = \beta_0 + \beta_1 Cvc_{i,t} + \lambda Controls + Industry + Year + \varepsilon \quad (5-1)$$

$$Patent_{i,t} = \beta_0 + \beta_1 RD_{i,t} + \lambda Controls + Industry + Year + \varepsilon \quad (5-2)$$

$$Patent_{i,t} = \beta_0 + \beta_1 Cvc_{i,t} + \beta_2 RD_{i,t} + \lambda Controls + Industry + Year + \varepsilon$$

$$(5-3)$$

在上述模型中，$RD_{i,t}$ 为企业 i 在 t 期的研发投入水平，其他变量与第四章一致。模型（5-1）用来检验创业投资是否影响企业研发投入，主要关注 $Cvc_{i,t}$ 系数，若其为正向显著，则说明公司参与创业投资能促进自身研发投入；模型（5-2）用于检验企业研发投入对创新产出的影响，关注 $RD_{i,t}$ 的系数方向及是否显著；模型（5-3）检验中介变量研发投入的最终作用，关注 $Cvc_{i,t}$ 和 $RD_{i,t}$ 的系数的显著性，如果二者皆显著，说明研发投入在公司创业投资影响技术创新过程中存在部分中介，如果 $Cvc_{i,t}$ 系数不显著，则研发投入为完全中介。本章预测研发投入对于公司创业投资和技术创新的关系存在部分中介效应。

（三）实证结果分析

1. 描述性统计

表5-1、表5-2为2007~2017年我国A股非金融上市公司创新投入均值及创新投入研发占比情况。整体而言，样本企业研发投入及占比呈上升状态。其中2009~2012年研发投入绝对值均值相比2007年、2008年略有下降，可能由于全球金融危机的影响，经济增长速度放缓、经营环境变化，研发投资额有所减少。但是企业研发占营业收入比例持续上升直到2012年出现下滑。2013年受到国家加快创新体系建设的政策支持，企业创新投入金额和比例重新上升。进一步区分企业产权性质发现，整个样本期间国有企业研发投入均高于非国有企业，但是其研发占比低于非国有企业。2017年非国有企业研发投入占比达到5.23%，而国有企业为3.26%。说明非国有企业在竞争环境中更重视技术创新活动，而国有企业对创新活动的关注度和投资力度有进一步提高的空间。

表 5-1 2007~2017 年我国 A 股非金融上市公司创新投入样本分布

年份	总样本		国有企业		非国有企业	
	研发投入（亿元）	研发占比（%）	研发投入（亿元）	研发占比（%）	研发投入（亿元）	研发占比（%）
2007	0.90	2.53	1.41	2.12	0.24	3.05
2008	0.92	3.38	1.78	2.88	0.29	3.75
2009	0.55	4.23	1.08	3.08	0.29	4.80
2010	0.55	4.93	1.34	3.81	0.33	5.25
2011	0.70	5.10	2.05	4.26	0.44	5.26
2012	1.10	4.17	2.02	2.88	0.60	4.89
2013	1.67	4.43	3.42	2.99	0.73	5.20
2014	1.47	4.37	2.75	3.10	0.85	4.99
2015	1.61	4.67	2.90	3.55	1.03	5.17
2016	1.64	4.72	2.98	3.20	1.12	5.32
2017	1.93	4.71	3.85	3.26	1.25	5.23

由表 5-2 可知，我国上市公司创新投入在四大经济区域呈现非均衡状态，东部地区研发活动投入力度持续攀升，投资均值远大于其他地区，这与经济发展水平相关。经济越发达地区的企业越重视技术原创和技术更新，相对较低的融资成本和较高的利润率可以支持长期创新投入。中部地区研发投入绝对值和比值也在持续上升并向东部投资水平靠拢，这可能与产业升级及承接经济发达地区技术转移相关。西部地区创新投入整体增加，与国家促进西部大开发的政策一致。东北地区研发投入自 2014 年反而呈现下降趋势，研发占比早在 2007 年达到 3.07%，但是之后十余年未有明显增加，该地区企业的技术改造和创新改革迫在眉睫。

表 5-2　上市公司创新投入样本地区分布

年份	东部地区		中部地区		西部地区		东北地区	
	研发投入（亿元）	研发占比（%）	研发投入（亿元）	研发占比（%）	研发投入（亿元）	研发占比（%）	研发投入（亿元）	研发占比（%）
2007	1.00	2.73	0.72	1.57	0.74	2.33	0.43	3.07
2008	1.09	3.48	0.56	3.09	0.45	3.27	0.80	3.10
2009	0.56	4.36	0.71	4.07	0.40	3.78	0.30	3.91
2010	0.59	5.07	0.52	4.09	0.40	5.29	0.40	3.68
2011	0.75	5.33	0.40	4.55	0.61	4.18	1.12	4.48
2012	1.17	4.69	1.07	3.33	0.75	2.92	1.23	2.87
2013	1.91	4.91	1.34	3.89	0.90	3.08	1.35	3.11
2014	1.62	4.70	1.30	3.72	0.97	3.73	1.25	3.41
2015	1.82	5.01	1.30	4.20	1.03	3.91	1.03	3.40
2016	1.83	5.00	1.41	4.27	1.14	4.14	0.94	3.34
2017	2.13	4.98	1.62	4.75	1.29	3.57	1.15	3.28

2. 回归结果分析

表 5-3 为创业投资与技术创新中研发投入的中介效应，列（1）显示了模型（5-1）的回归结果，公司创业投资与研发投入的回归系数为 0.149，通过了 1% 水平的显著性检验，说明公司投资初创企业会激励内部研发部门增加投入。列（2）显示了模型（5-2）的回归结果，研发投入与当期专利申请量的系数为 0.397，通过了 1% 水平的显著性检验，说明增加内部研发投入提高了企业当期的创新产出。列（3）显示了模型（5-3）的回归结果，公司创业投资、研发投入的系数均为正，且在 1% 水平显著，说明研发投入在公司创业投资对技术创新的影响中发挥了中介作用，创业投资促进研发投入，进而提高创新产出。当中介变量和因变量递延一期后发现，创业投资行为对企业创新活动的影响具有持续性。如表 5-3 中列（4）所示，当期创业投资与递延

一期企业研发投入的相关系数为 0.159，在 1% 水平显著。结合列
（5）、列（6）的结果来看，当期创业投资通过激励下一年度内
部研发投入来提升未来专利申请量。总之，公司参与创业投资可
以增加企业内部当期及递延一期的研发费用，最终增加当期及递
延一期的创新产出。表 5-3 最后一行显示了 Sobel 中介效应检验
（Sobel-Goodman Mediation Tests）结果，当期和递延一期的 P 值
分别为 0.0009、0.0002，均小于 0.05，因此中介效应成立，假
设 5-1 成立。

表 5-3　创业投资与技术创新——研发投入的中介效应

变量	当期（t）			递延一期（t+1）		
	（1）RD	（2）Patent	（3）Patent	（4）RD	（5）Patent	（6）Patent
Cvcif	0.149***		0.165***	0.159***		0.148***
	（3.57）		（3.85）	（3.23）		（3.07）
RD		0.397***	0.396***		0.398***	0.397***
		（35.08）	（35.02）		（32.04）	（31.98）
Size	0.775***	0.255***	0.250***	0.750***	0.240***	0.236***
	（73.25）	（17.99）	（17.60）	（62.52）	（15.54）	（15.32）
Age	-0.240***	-0.082***	-0.081***	-0.236***	-0.093***	-0.093***
	（-10.25）	（-3.06）	（-3.03）	（-9.61）	（-3.36）	（-3.37）
Lev	-0.209***	0.145**	0.152**	-0.073	0.210***	0.215***
	（-3.45）	（2.28）	（2.39）	（-1.08）	（3.03）	（3.10）
ROA	3.235***	1.424***	1.406***	4.172***	2.333***	2.311***
	（14.27）	（6.08）	（6.00）	（15.59）	（9.23）	（9.13）
OCF	0.772***	-0.299*	-0.292*	0.881***	-0.274	-0.267
	（4.82）	（-1.78）	（-1.74）	（4.77）	（-1.54）	（-1.50）
SOE	-0.006	0.029	0.034	-0.015	0.022	0.026
	（-0.26）	（1.21）	（1.45）	（-0.61）	（0.86）	（1.03）

续表

变量	当期（t）			递延一期（t+1）		
	（1） RD	（2） Patent	（3） Patent	（4） RD	（5） Patent	（6） Patent
Top	−0.003***	−0.000	−0.000	−0.003***	−0.001	−0.001
	（−4.70）	（−0.51）	（−0.37）	（−5.00）	（−1.07）	（−0.98）
Dual	0.020	0.055***	0.053**	0.029	0.050**	0.048**
	（1.17）	（2.68）	（2.56）	（1.52）	（2.20）	（2.11）
Constant	−0.380	−9.986***	−9.867***	0.223	−9.419***	−9.328***
	（−1.42）	（−37.45）	（−36.80）	（0.72）	（−30.74）	（−30.33）
Year	Yes	Yes	Yes	Yes	Yes	Yes
Industry	Yes	Yes	Yes	Yes	Yes	Yes
N	12665	12665	12665	10498	10498	10498
R^2	0.532	0.433	0.434	0.520	0.427	0.428
r2_a	0.531	0.431	0.432	0.518	0.425	0.426
F	—	—	—	223.6	206.5	201.9
Sobel 检验	0.0009			0.0002		

注：***、**、*分别表示参数估计值在1%、5%、10%水平显著；括号内数据为各参数估计值的 T 值；各变量系数经过异方差调整。下同。

（四）稳健性检验

为了确保回归结果的真实可靠，本章进行了如下稳健性检验：

1. 替换解释变量（Cvcif）

使用年度投资事件（Cvcn）再次检验研发投入在创业投资与创新关系中的中介作用，由表5-4可知，无论当前期还是递延一期，创业投资、研发投入与企业创新产出的系数在三个模型中均为正向显著，回归结果与原假设保持一致。

表 5-4　稳健性检验——创业投资的其他衡量方式

变量	当期（t）			递延一期（t+1）		
	（1）RD	（2）Patent	（3）Patent	（4）RD	（5）Patent	（6）Patent
Cvcn	0.054 **		0.082 ***	0.060 **		0.094 ***
	（2.15）		（3.40）	（2.09）		（3.44）
RD		0.397 ***	0.396 ***		0.398 ***	0.397 ***
		（35.08）	（35.08）		（32.04）	（32.04）
Constant	−0.416	−9.986 ***	−9.876 ***	0.194	−9.419 ***	−9.313 ***
	（−1.55）	（−37.45）	（−36.88）	（0.62）	（−30.74）	（−30.25）
Control Variable	Yes	Yes	Yes	Yes	Yes	Yes
Year	Yes	Yes	Yes	Yes	Yes	Yes
Industry	Yes	Yes	Yes	Yes	Yes	Yes
N	12665	12665	12665	10498	10498	10498
R^2	0.532	0.433	0.434	0.519	0.427	0.428
r2_a	0.531	0.431	0.432	0.518	0.425	0.426
F	—	—	—	223.7	206.5	202.5
Sobel 检验	0.0253			0.0051		

2. 同时替换解释变量（Cvcif）和被解释变量（Patent）

使用年度投资金额（Cvcamount）和发明专利申请量（Patent1）代替原自变量和因变量进行回归，由表 5-5 可知，关键系数的方向和显著性保持不变，说明公司创业投资的资金投入不但未挤出内部研发资金投入，反而产生协同效应，促使企业扩大研发规模，提高资金配置效率和产出效率。Sobel 检验结果支持了研发投入的中介作用，假设 5-1 成立。

表 5-5　稳健性检验——创业投资和技术创新的其他衡量方式

变量	当期（t）			递延一期（t+1）		
	（1）RD	（2）Patent1	（3）Patent1	（4）RD	（5）Patent1	（6）Patent1
Cvcamount	0.009*** （3.49）		0.010*** （3.58）	0.009*** （3.19）		0.009*** （2.77）
RD		0.443*** （36.92）	0.442*** （36.87）		0.447*** （33.26）	0.446*** （33.22）
Constant	-0.377 （-1.41）	-11.040*** （-39.63）	-10.917*** （-38.96）	0.227 （0.73）	-10.500*** （-32.67）	-10.407*** （-32.26）
Control Variable	Yes	Yes	Yes	Yes	Yes	Yes
Year	Yes	Yes	Yes	Yes	Yes	Yes
Industry	Yes	Yes	Yes	Yes	Yes	Yes
N	12665	12665	12665	10498	10498	10498
R^2	0.532	0.394	0.395	0.520	0.390	0.391
r2_a	0.531	0.393	0.393	0.518	0.388	0.388
F	—	—	—	223.7	174.1	170.5
Sobel 检验	0.0015			0.0003		

3. 使用负二项模型替换中介变量（RD）

由于被解释变量是专利申请个数，均大于零且分布分散，适合使用负二项模型进行稳健性检验。同时，将研发强度即研发费用占总资产比重（RDAR）作为中介变量的替代变量。如前文所述，创业投资对企业的影响并非只存在于当期或者递延一期，外部投资对企业的影响具有持续性。因此，表5-6显示了企业研发强度在t+1期和t+2期的中介作用。由表可见，参与创业投资的企业提高了研发费用在总资产中的比重，而研发强度的提升使企业在之后的1~2年增大了专利申请量。Soble检验结果支持假设5-1。

表 5-6　稳健性检验——负二项模型和研发投入的其他衡量方式

变量	递延一期（t+1）			递延两期（t+2）		
	（1）RDAR	（2）Apply	（3）Apply	（4）RDAR	（5）Apply	（6）Apply
Cvcif	0.123***		0.117*	0.163***		0.213***
	（3.63）		（1.78）	（4.04）		（2.62）
RDAR		0.186***	0.186***		0.192***	0.191***
		（21.34）	（21.28）		（20.17）	（19.96）
Constant	1.924***	−10.081***	−10.013***	1.910***	−9.450***	−9.350***
	（8.01）	（−27.47）	（−26.99）	（7.29）	（−24.53）	（−24.04）
Control Variable	Yes	Yes	Yes	Yes	Yes	Yes
Year	Yes	Yes	Yes	Yes	Yes	Yes
Industry	Yes	Yes	Yes	Yes	Yes	Yes
N	10498	10498	10498	9191	9191	9191
Sobel 检验	0.0000			0.0000		

二、公司创业投资与技术创新关系的内部影响因素

（一）业务多元化程度

企业出于分散经营风险、利用剩余资源、增强市场势力等目的进行多元化经营，达成规模经济和协同效应，形成内部资本化市场，降低融资成本。当多元化涉及价值链上下游行业，有利于及时确定客户需求，快速调整资源配置和生产经营策略。Nelson

和 Winter（1982）提出企业多元化有助于其进行研究与开发活动，尤其是基础研究。企业内部多个研发团队的不同研究项目之间存在正溢出和互补效应，同时进行多个研究项目可以分散研发风险。黄俊和陈信元（2011）发现集团内不同成员企业的研发投资存在知识溢出效应，内部资本市场使集团内部企业现金流和研发投资相互关联，其他成员的研发投资促进集团公司的技术进步。多元化的企业涉足不同市场，有更多机会接触到与现有产品线无关的新知识，可以更好地利用未预见的创新。其中与技术相关的"有目的"的多元化企业，研发强度更高（Scott，1993）。不可否认的是，投资多个行业有利于筛选到高财务回报的初创企业，而企业自身多元化的运营经验有助于选择和评估优质的投资项目。

然而，部分企业涉入多个行业为获取政府补助、税收优惠等政策优惠，或进入金融和房地产等高收益行业获取短期利润。杨兴全等（2018）的研究表明不受产业政策扶持的企业通过多元化经营进入政策支持的行业，以获得政府产业政策支持。创新需要持续的资金投入和高风险容忍度。如果企业涉足多个行业，创新资源被分散，主业创新被挤出，不利于企业核心创新能力的提升。同时，多元化经营产生的融资约束与代理冲突损害创新积极性，非主业研发降低了创新效率（杨兴全等，2019）。从项目投资角度来看，业务多元化分散了投资资金投入，难以集中资源优势，保证各个投资单元的高效率和合理的资产配置。如果遇到多个项目投资，某些短期回报率低但符合长期战略的项目可能面临舍弃；如果集团企业业务复杂多样，投资涉猎各个行业和新兴领域，那么母公司容易被视为一家投资公司，其整体的研发和创新能力不被业界看好。而如果某一企业多年致力同一领域技术的研发，容易被认为是研发实力雄厚的企业。

多元化经营的企业在筛选初创企业时可能倾向涉及多个行业，从理论上说，资源在不同行业间共享，通过研发溢出效应和学习效应获得创新能力提升。但是当涉及投资行业较多时，被投资企业与投资企业的技术相关度较低，在后续展开的创新活动中很难在原有技术的基础上产生新的突破性技术。以往研究证实，企业自身的吸收能力、技术资本存量、研发规模效应和内部生产率均影响企业从风险投资活动中获取新技术。吸收能力越强、某一领域技术储备越雄厚，生产效率越高，企业从外部获取吸收新知识和新技术的可能性越高。投资企业从外部获得的资源需要雄厚的研发实力进行创新产出转化，而业务多元化与业务单一化的企业相比，分散到各行业的资源较有限，局部生产效率较低。经营业务复杂会降低企业对专项技术的吸收能力，不利于外部获取技术的吸收内化。当多元化降低企业对某一行业的了解，很难有技术的突破性创新。此外，企业多元化战略的目的是在各项资源间平衡、稳中有进，而创新活动不确定性高，承担风险大，多元化企业本身创新的积极性较低。尤其当业务分部的权力链条较长，各个分部存在竞争，各分部管理者承担风险和对待风险的态度不同，整体创新意愿未知。无论公司的创业投资项目设置在企业内部还是独立于企业，经营多元化均不利于外部投资对企业自身技术发展的推动和激励。综上，提出如下假设：

H5-2：在其他条件不变的情况下，企业自身业务多元化，削弱 CVC 投资对企业技术创新的促进作用。

（二）管理者能力

管理者负责企业战略制定和执行，其格局和能力影响企业战略定位的准确度和长远性。具有行业经验和投资经验的管理者通常能跨越企业边界敏锐识别机会，或成立独立风险投资部门或与其他投资方成立合资企业及合伙风险基金，或跟上独立风险投资机构的步伐，提前进入新兴产业进行战略布局。随着风险投资行业的发展，越来越多的投资人、企业、政府、产业基金加入风险投资大军，市场上优质的创业投资项目较少而可以参与的投资公司较多，在"狼多肉少"的情况下，优秀的创业项目和创始人被众多资金追捧，投资人的眼光和速度是成功进入项目的关键。能力强的管理者资源调度和协调能力较强，通过聘用有经验的投资人和配置适度资源给投资部门，有利于筛选出与自身战略目标和财务目标匹配度高的初创企业。投资方在投资之前需要详细阅读商业计划书、查看融资路演材料，关注被投资企业的产品及服务、市场机会、客户、供应商，分析盈利模式、核心数据，把握运营关键点、竞争优势。这些资料和数据中蕴含了大量的商业机密和创新机会，高能力的管理者对宏观环境、行业和产品有较深刻的理解和准确判断（Demerjian 等，2013），可以从中发现机会转化为企业自身未来的发展方向，寻找开发的新市场。

风险投资在签署投资协议后通常进入被投资企业董事会，派驻财务总监等管理人员，在收集公司运营数据的同时监督企业正常运转。优质企业本身拥有的技术资源和市场资源，如品牌、公司名誉度、研发团队、销售渠道等吸引优质的初创企业，投资后的双方企业的匹配度、融合度决定了投资目标是否能够实现。投资除看重项目外，创始人和团队也是重要因素，投资的过程实质是两个团队的磨合过程，核心创始人的学习能力、视野格局、诚信度是投资方看中的。而投资方的眼光、信任、格局、经验也决定双方合作的默契度、持久性和互利程度。能力强的管理者有庞大的关系网络和社会资源，有助于识别稀缺性的投资机会，评估项目价值，设计有效的制度规避风险，有效进行项目投资风险控制。在投资后管理者能够利用自身的管理经验和资源为初创企业提供增值服务，辅助企业成长。同时，管理者的能力和特质对于企业创新活动影响重大，管理者对待风险的态度影响企业的风险承担能力。一方面，根据管理学理论，能力强的管理者有较高的风险控制、资源整合、发现机会、快速学习的能力，擅长识别不确定性中的机会，有意愿进行高风险项目投资，投资和创新积极性较高。能力强的管理者决策具有前瞻性，能够整合企业内外部的异质性资源，优化企业资源配置，及时、稳定地提供创新活动需要的各种资源。另一方面，根据委托代理理论，管理者能力越强，风险回避的可能性越高（何威风等，2016）。为了降低不确定性，需要寻找确定性高的项目。此时对初创企业的风险投资类似于小规模试验，通过小范围市场验证新想法、新创意。如果管理层具有研发背景，更乐意通过创业投资项目开发新技术以降低内部创新活动的失败率。优秀管理者具备的企业家开拓精神和寻找创新的动力有助于企业搜寻优质的风险投资机会。管理者能力具有的"信息效应"和"治理效应"，可以有效降低企业信息不对称、提高企业治理水平（张路等，2019）。而管理者对自身声誉的爱护和良好的治理能力能够有效管理初创企业以及保证企业创新项目的成功。总之，能力较强的管理者可以在外部创业投资影响企业创新的过程中提供有效助力。综上，提出如下假设：

H5-3：在其他条件不变的情况下，较强的管理者能力，有利于 CVC 投资促进企业技术创新。

（三）研究设计

1. 样本选择与数据来源

本节样本为 2005～2017 年我国 A 股非金融上市公司，剔除基础数据缺失和上市状态异常的企业，并对连续变量进行上下 1% 分位的缩尾处理。基础财务数据均源于 CSMAR 数据库，上市公司销售收入行业明细数据来自 Wind 数据库。

2. 变量定义

调节变量如下：

（1）企业自身多元化程度（Diversify）。借鉴曾春华和杨兴全（2012）的衡量方法，根据赫芬达尔指数（Herfindahl–Hirschman Index）的原理计算企业业务的多元化指数，首先，依照销售收入行业明细数据划分企业业务涉及多少个行业；其次，计算企业各个行业收入在总收入中所占比重，并对各个比重求平方和；最后，为了方便解读，使用 1 减去比重平方和将指数调整为正向指数。如果企业涉猎行业较多，则各个行业收入在总收入中占比较小（1−比重的平方和），计算出的调整指数越大，说明业务多元化程度越高；指数为 0，则说明该企业只涉足单一行业。

（2）管理者能力（MAlevel）。借鉴 Dermerjian 等（2012）和何威风等（2016）的研究，采用数据包络分析（DEA）和 Tobit 模型相结合的两阶段模型衡量上市公司管理者能力。企业效率值受企业与管理者两个层面的因素影响，首先，分行业计算企业全效率，将固定资产、无形资产、商誉、研发支出、营业成本、销售与管理费用作为数据包络分析中的投入变量，把营业收入作为产出变量，通过数据包络分析计算得出企业效率值。其次，进一步采用 Tobit 模型分离出管理者对企业效率的贡献值。在模型中控制规模、年龄、市场份额、多元化、自由现金流、国际化程度等企业层面因素，进行 Tobit 回归后预测企业层面效率值，企业全效率减去企业层面预测值得到各家企业的管理者能力得分。得分越高，代表管理者能力越强。为了降低指标噪声，将管理者能力得分按照行业年度均值分为两组，高于均值企业赋值 1，否则赋值 0。

本节其他变量定义与第四章一致。

3. 模型设定

本节设定两个调节变量模型，其中模型（5-4）衡量企业业务多元化程度对创业投资和创新产出关系的影响，Diversify 代表业务多元化程度，预期创业投资与多元化的交乘项系数 β_2，符号为负。模型（5-5）衡量管理者能力对创业投资促进创新作用的调节效应，MAlevel 代表管理者能力，预期创业投资与管理者能力交乘项系数 β_2，符号为正。

$$Patent_{i,t} = \beta_0 + \beta_1 Cvc_{i,t} + \beta_2 Cvc_{i,t} \times Diversify_{i,t} + \beta_3 Diversify_{i,t} +$$
$$\lambda Controls + Industry + Year + \varepsilon \qquad (5-4)$$
$$Patent_{i,t} = \beta_0 + \beta_1 Cvc_{i,t} + \beta_2 Cvc_{i,t} \times MAlevel_{i,t} + \beta_3 MAlevel_{i,t} +$$
$$\lambda Controls + Industry + Year + \varepsilon \qquad (5-5)$$

（四）实证结果分析

1. 业务多元化程度的影响

模型（5-4）的回归结果如表 5-7 所示，列（1）和列（3）显示在当期以及递延一期，创业投资与企业多元化的交乘项（Cvcif×Diversity）系数均为负，分别通过了 10% 或 5% 水平的显著性检验。说明业务多元化程度越高，企业收入来源多样化，反而越不利于创业投资激励企业进行技术创新。可能是由于企业涉足的行业较多，业务分散、资源分散，阻碍企业在某一领域技术的精进。业务多样化的企业更容易进行多元化的项目投资，"鸡蛋不放在一个篮子里"的分散投资降低了风险，但是却削弱了企业对各个行业的熟悉度，不利于企业使用外部资源进行创新。在对企业发明专利产出的回归中，当期和递延一期交乘项系数依然负向显著，企业业务多元化减弱了创业投资与自身技术创新的关系。假设5-2成立。

表5-7 公司创业投资与技术创新——业务多元化的调节作用

变量	当期（t）		递延一期（t+1）	
	（1） Patent	（2） Patent1	（3） Patent	（4） Patent1
Cvcif	0.267***	0.216***	0.302***	0.260***
	(4.59)	(3.63)	(4.59)	(3.82)
Diversity	−0.030	0.033	−0.063	0.007
	(−0.67)	(0.73)	(−1.25)	(0.13)
Cvcif×Diversity	−0.320*	−0.309*	−0.383**	−0.366*
	(−1.95)	(−1.85)	(−2.05)	(−1.93)
Size	0.512***	0.518***	0.497***	0.500***
	(49.21)	(49.28)	(41.53)	(41.37)
Age	−0.178***	−0.200***	−0.184***	−0.211***
	(−6.77)	(−7.52)	(−6.44)	(−7.29)
Lev	0.053	0.059	0.155**	0.185***
	(0.90)	(0.99)	(2.28)	(2.67)
ROA	2.496***	2.284***	3.652***	3.476***
	(11.41)	(10.37)	(14.37)	(13.46)
OCF	0.125	0.021	0.201	0.103
	(0.82)	(0.13)	(1.14)	(0.57)

续表

变量	当期（t）		递延一期（t+1）	
	（1） Patent	（2） Patent1	（3） Patent	（4） Patent1
SOE	−0.028 （−1.21）	−0.003 （−0.14）	−0.021 （−0.84）	0.006 （0.24）
Top	−0.002 *** （−3.60）	−0.003 *** （−4.48）	−0.002 *** （−3.34）	−0.003 *** （−3.90）
Dual	0.069 *** （3.39）	0.054 *** （2.59）	0.062 *** （2.71）	0.055 ** （2.35）
Constant	−9.184 *** （−39.36）	−9.681 *** （−40.79）	−8.512 *** （−31.53）	−8.956 *** （−32.63）
Year	Yes	Yes	Yes	Yes
Industry	Yes	Yes	Yes	Yes
N	15643	15643	12088	12088
R^2	0.350	0.372	0.337	0.355
r2_a	0.348	0.370	0.335	0.353
F	183.2	206.8	—	—

2. 管理者能力的影响

模型（5-5）的回归结果如表5-8所示，列（1）～列（4）显示在当前期以及递延一期，创业投资与管理者能力的交乘项（Cvcif×MAlevel）系数均为正，分别通过了1%、5%、10%水平的显著性检验。说明优秀的管理者在企业外部投资和内部决策中充当润滑剂及放大器的作用，能够捕捉公司投资初创企业时遇到的新技术、新机会，转化为企业自身的创新势能。管理者能力在公司创业投资与技术创新的关系中起到正向促进作用，假设5-3成立。

表 5-8　公司创业投资与技术创新——管理者能力的调节作用

变量	当期（t）		递延一期（t+1）	
	（1）Patent	（2）Patent1	（3）Patent	（4）Patent1
Cvcif	0.102*	0.083	0.135**	0.111
	(1.76)	(1.38)	(2.06)	(1.63)
MAlevel	-0.314***	-0.287***	-0.269***	-0.243***
	(-16.54)	(-14.90)	(-12.52)	(-11.18)
Cvcif×MAlevel	0.217***	0.172**	0.205**	0.174*
	(2.71)	(2.11)	(2.28)	(1.89)
Size	0.519***	0.525***	0.504***	0.508***
	(53.90)	(53.89)	(45.69)	(45.58)
Age	-0.151***	-0.183***	-0.163***	-0.199***
	(-6.10)	(-7.34)	(-6.10)	(-7.31)
Lev	0.069	0.080	0.174***	0.208***
	(1.25)	(1.43)	(2.74)	(3.24)
ROA	2.944***	2.689***	3.969***	3.799***
	(14.02)	(12.66)	(16.50)	(15.51)
OCF	0.114	0.021	0.243	0.119
	(0.80)	(0.14)	(1.49)	(0.72)
SOE	-0.028	-0.007	-0.014	0.006
	(-1.32)	(-0.34)	(-0.61)	(0.28)
Top	-0.001**	-0.002***	-0.002**	-0.002***
	(-2.28)	(-3.71)	(-2.25)	(-3.37)
Dual	0.076***	0.056***	0.069***	0.055**
	(3.97)	(2.87)	(3.19)	(2.48)
Constant	-9.174***	-9.722***	-8.720***	-9.240***
	(-42.37)	(-44.06)	(-34.70)	(-36.05)
Year	Yes	Yes	Yes	Yes
Industry	Yes	Yes	Yes	Yes
N	17734	17734	13833	13833
R^2	0.375	0.400	0.358	0.380

续表

变量	当期（t）		递延一期（t+1）	
	（1） Patent	（2） Patent1	（3） Patent	（4） Patent1
r2_a	0.373	0.399	0.356	0.379
F	228.7	261.2	——	——

（五）稳健性检验

为了增强回归结果稳健性，本节从如下几方面进行稳健性检验：

1. 替换解释变量（Cvcif）

使用创业投资年度投资金额（Cvcamount）替换解释变量（Cvcif）进行回归（见表5-9）。表5-9显示无论当期还是递延一期，创业投资投资金额与企业多元化（Cvcamount×Diversity）交乘项的回归系数均为负，分别在5%或10%水平显著，与原有回归结果一致。说明当企业业务涉足行业较多时，创业投资对企业创新的促进作用被削弱了。关于管理者能力对企业创业投资和创新的影响，表5-10中各列交乘项系数显著为正，与原假设回归结果无差别。说明能力较强的管理者能够增强公司创业投资对技术创新的促进作用。

表5-9 业务多元化稳健性检验——替换解释变量衡量方式

变量	当期（t）		递延一期（t+1）	
	（1） Patent	（2） Patent1	（3） Patent	（4） Patent1
Cvcamount	0.016*** （4.53）	0.013*** （3.56）	0.019*** （4.71）	0.016*** （3.89）

续表

变量	当期（t）		递延一期（t+1）	
	（1） Patent	（2） Patent1	（3） Patent	（4） Patent1
Diversity	−0.031	0.032	−0.064	0.005
	(−0.69)	(0.70)	(−1.27)	(0.10)
Cvcamount×Diversity	−0.018*	−0.017*	−0.022**	−0.021*
	(−1.87)	(−1.73)	(−2.00)	(−1.83)
Constant	−9.178***	−9.675***	−8.499***	−8.944***
	(−39.31)	(−40.74)	(−31.47)	(−32.56)
Control Variable	Yes	Yes	Yes	Yes
Year	Yes	Yes	Yes	Yes
Industry	Yes	Yes	Yes	Yes
N	15643	15643	12088	12088
R^2	0.350	0.372	0.338	0.355
r2_a	0.348	0.370	0.335	0.353
F	183.2	206.8	—	—

表5-10 管理者能力稳健性检验——替换解释变量衡量方式

变量	当期（t）		递延一期（t+1）	
	（1） Patent	（2） Patent1	（3） Patent	（4） Patent1
Cvcamount	0.006*	0.005	0.009**	0.007*
	(1.84)	(1.47)	(2.28)	(1.84)
MAlevel	−0.313***	−0.287***	−0.268***	−0.243***
	(−16.52)	(−14.87)	(−12.50)	(−11.16)
Cvcamount×MAlevel	0.012***	0.010**	0.012**	0.010*
	(2.58)	(1.99)	(2.19)	(1.80)
Constant	−9.169***	−9.717***	−8.709***	−9.229***
	(−42.32)	(−44.01)	(−34.63)	(−35.99)
Control Variable	Yes	Yes	Yes	Yes

续表

变量	当期（t）		递延一期（t+1）	
	（1） Patent	（2） Patent1	（3） Patent	（4） Patent1
Year	Yes	Yes	Yes	Yes
Industry	Yes	Yes	Yes	Yes
N	17734	17734	13833	13833
R^2	0.375	0.400	0.358	0.381
r2_a	0.373	0.399	0.356	0.379
F	228.6	261.1	—	—

2. 替换调节变量及进行分组回归

除使用交互效应检验调节变量的作用，还可以分组回归探讨在不同特征样本中创业投资与创新的关系。上一节直接使用每家企业的赫芬达尔指数与是否参与创业投资相乘验证调节效应，本节按照公司赫芬达尔指数的年度均值将样本分为两组，调整后的赫芬达尔指数越高，业务多元化程度越高。因此，高于均值的样本为高业务多元化组，赋值1；低于均值的企业划分为低业务多元化组，赋值0。表5-11的第一行Cvcif系数均为正向显著，说明在各组中公司创业投资都可以促进技术创新。但是在同等显著性水平下，列（1）系数小于列（2）系数，即业务多元化水平高的组主假设系数较低。说明相比多元化水平高的企业，创业投资对创新活动的促进作用在业务多元化水平低的组更强。列（3）~列（8）的回归结果与其一致。由于组间显著性水平相同，增加组间回归结果的邹检验测试（Chow Test），组间差异通过了1%水平的显著性检验（结果未报告）。以上检验均支持假设5-2。

表5-11 业务多元化稳健性检验——替换调节变量衡量方式及分组回归

变量	当期（t）				递延一期（t+1）			
	Patent		Patent1		Patent		Patent1	
	（1）高业务多元化组	（2）低业务多元化组	（3）高业务多元化组	（4）低业务多元化组	（5）高业务多元化组	（6）低业务多元化组	（7）高业务多元化组	（8）低业务多元化组
Cvcif	0.161 ***	0.280 ***	0.166 ***	0.265 ***	0.192 ***	0.298 ***	0.213 ***	0.281 ***
	（2.72）	（4.81）	（2.64）	（4.13）	（2.90）	（4.46）	（2.95）	（3.78）
Constant	−9.284 ***	−9.588 ***	−10.312 ***	−10.436 ***	−8.676 ***	−8.851 ***	−9.899 ***	−9.891 ***
	（−27.81）	（−31.05）	（−29.14）	（−33.30）	（−23.32）	（−24.25）	（−24.57）	（−25.99）
Control Variable	Yes	Yes	Yes	Yes	Yes	Yes	Yes	Yes
Year	Yes	Yes	Yes	Yes	Yes	Yes	Yes	Yes
Industry	Yes	Yes	Yes	Yes	Yes	Yes	Yes	Yes
N	6569	10282	6569	10282	5113	8019	5113	8019
R^2	0.378	0.356	0.346	0.306	0.367	0.343	0.336	0.293
r2_a	0.374	0.354	0.342	0.304	0.362	0.341	0.331	0.290
F	94.31	137.4	82.55	111.3	72.31	—	63.80	

表5-12将企业管理者能力得分按照行业年度中位数分成强弱两组，大于年度中位数的样本记入强管理者能力组，取值为1，否则划为弱管理者能力组，取值为0。列（2）和列（4）显示在弱管理者能力组的回归结果中，创业投资与创新产出的系数正向不显著，而在列（1）和列（3）显示的强管理者能力组中，二者关系显著为正。企业拥有较强能力的管理者，公司参与创业投资更容易对技术创新产生正向的推动作用。递延一期的回归显示，创业投资与创新产出的系数正向且显著，并且强管理者组系数大于弱管理者组，二者差异通过了组间差异邹检验（Chow Test）。分组检验支持假设5-3。

表 5-12　企业管理者能力稳健性检验——替换调节变量衡量方式及分组回归

变量	当期（t）				递延一期（t+1）			
	Patent		Patent1		Patent		Patent1	
	（1）强管理者能力组	（2）弱管理者能力组	（3）强管理者能力组	（4）弱管理者能力组	（5）强管理者能力组	（6）弱管理者能力组	（7）强管理者能力组	（8）弱管理者能力组
Cvcif	0.344***	0.049	0.305***	0.082	0.326***	0.146**	0.287***	0.182**
	(6.20)	(0.79)	(5.16)	(1.18)	(5.29)	(2.06)	(4.26)	(2.28)
Constant	−8.451***	−10.595***	−9.201***	−11.941***	−8.072***	−9.613***	−8.998***	−11.193***
	(−31.12)	(−30.37)	(−33.00)	(−31.88)	(−25.37)	(−23.86)	(−26.91)	(−25.62)
Control Variable	Yes	Yes	Yes	Yes	Yes	Yes	Yes	Yes
Year	Yes	Yes	Yes	Yes	Yes	Yes	Yes	Yes
Industry	Yes	Yes	Yes	Yes	Yes	Yes	Yes	Yes
N	10927	6807	10927	6807	8586	5247	8586	5247
R^2	0.350	0.406	0.308	0.359	0.334	0.403	0.292	0.355
r2_a	0.347	0.403	0.305	0.355	0.331	0.399	0.289	0.351
F	136.5	121.3	111.9	98.97	105.5	—	88.00	—

三、公司创业投资与技术创新关系的外部影响因素

（一）产品市场竞争

根据产品获利递减理论，先进入市场的产品通过垄断客户、占有市场，获得超额利润。随着越来越多企业进入市场打破垄

断，企业获得的平均收益率逐渐下降；随着技术升级，产品边际成本快速下降，边际利润率大幅降低。当同质性产品竞争激烈，企业通过推出新产品、提升市场占有率，冲破竞争中的"红海"，再一次获取超额利润。根据新熊彼特理论，企业可通过持续不断的创新行为获取市场势力以规避激烈竞争（Aghion 等，2015）。市场势力大的企业受益于专利技术和独占性资源，如销售渠道、服务特性、领先地位、持续的投资等，利用专利体系保护创新，利用独占性条件激励研发活动。激烈的市场竞争淘汰低效企业，促使企业增加投资、进行创新活动以获得核心竞争力（Bloom 等，2016）。总之，激烈的竞争引发企业对外界市场的密切关注，不断捕捉新技术，完善自身产品流程、进行技术升级，通过创新不断扩大市场势力。产品市场竞争越激烈，技术升级加快、创新周期缩短，内部研发速度不一定跟随市场的快速变化，企业向外突破的需求越大，利用外部创新的动机越强。而 CVC 投资项目是企业感知外部市场的一个窗口，是萌芽技术的探测器。市场竞争越激烈，行业内 CVC 投资的强度越大，其对自身技术的影响力越大。

首先，市场竞争有效降低行业内的资源错配，提高资源和技术的流动性（王文等，2014）。资源配置效率上升，企业内部生产效率、技术转换效率提高，外部投资的吸收转化效率提升，有利于公司创业投资中寻找的新想法顺利转化。其次，产品市场竞争提高信息透明度，企业信息披露频率增加、披露内容丰富、披露质量上升（Burks 等，2012）。有助于高管利用外部环境、行业层面和竞争对手的信息进行投资决策，降低创新投资决策的信息搜寻成本，缓解决策不确定性，提高创新效率。同时，产品市场竞争作为一种外部治理机制约束管理者行为决策，降低代理问题、改善公司治理、提高企业经营效率，提高公司信息披露治理（伊志宏等，2010）。产品市场竞争增加薪酬透明度，有能力的高管可配置更高的报酬，有竞争力的薪酬可激发高管的主观能动性，增强风险承担能力，有利于挑战长期、战略匹配度高、风险大的项目。

此外，在高度竞争的市场中，创新容易引发跟随效应和模仿行为，随着产品同质性的增加，创新边际价值降低。在市场不确定性大的行业，创新投资不可逆，特别是当行业进入壁垒和退出成本较低，创新投资沉没成本较高，管理层选择等待、延迟投入。此时 CVC 投资项目类似实物期权，早期较小投入，后期市场规模形成，可能获得较大回报。市场竞争激烈，CVC 投资项目的知识外溢有利于投资企业学习、吸收。有研究表明，产品市场竞争带来的外部压力增加了企业的风险以及融资成本，管理者容易出现投机行为（Valta，2012；曾伟强等，2016）。短视的管理层削弱研发投入，此时风险投资和并购等外部创新成本较低，可能替代内部研发成为创新的主要途径。市场竞争提高了企业对外投资的主动性和目的性，而外部技术的转化速度决定了企业的生存时间。综上，提出如下假设：

H5-4：在其他条件不变的情况下，产品市场竞争程度，加强了 CVC 投资对技术创新的促进作用。

（二）地区金融发展水平

我国地区金融发展不平衡，资源禀赋和空间区位优势的地区聚集了大量金融机构和金融资源，带动区域经济增长。因此，金融发展与经济区域发展不平衡基本一致，东部、南部地区发达，西部、北部资源匮乏，经济活动活跃度下降。根据第四章的描述性统计，创业投资项目的分布也是如此，东部地区投资项目和被投资企业最多。那么创业投资对企业创新的影响在经济或金融发展不同的地区存在差异吗？

从资金投向角度，在金融发展成熟区域，资金流动性强，高收益的金融资产投资机会较多，创业投资机会也较多。同时，位于金融发达地区的企业，融资渠道较多，融资成本相对较低，当企业利润率提高，账上有闲余资金，易投资于金融资产及创业企业。公司创业投资作为一种股权投资，实际是对实体企业的中长期投资，而金融资产投资是相对中短期的投资行为。CVC投资相比其他高收益的金融投资，回报慢、不确定性高，因此，CVC投资与金融资产投资存在交叉或替代的关系。近年，随着金融交易频繁、资本回报率提高，地区金融发展推动了企业金融资产投资，对实业投资有挤出效应，而资金脱实向虚的企业金融化现象抑制了企业创新（王红建等，2017）。金融发达区域，投资人较多，投资机构规模大，优质项目受到众多资金追捧，企业低成本投资项目并独自吸收新技术的可能性不大。

从战略规划角度，地方金融发展水平高，投资机会更多、投资可选择的项目多。从财务回报与战略回报平衡的角度，CVC项目投资出现多元化组合的概率较大。部分项目为了获取丰厚的财务收益，部分项目提前布局于新兴行业，部分项目基于抢占市场、消灭竞争对手的目的进行投资。企业有机会跨行业跨地区进行股权配置，项目与投资企业技术关联度可能较低。投资组合的多元化程度有利于实现财务收益，但不一定有助于战略目标。而金融发展水平低的地区，企业资源紧张，需要提升资源配置效率，投资项目多着眼于战略回报。创业投资项目与企业创新战略可能更为一致，创业投资项目获取的外部知识和技术与企业目前的技术互补、革新相关，对当前技术创新的促进作用较强。

从融资约束角度，在金融不发达地区，企业融资渠道少、融资约束水平高，较高的资金使用成本可能限制了企业研发资金投入规模。如上文所述，创业投资并不挤出企业研发投入，甚至在研发投入不足时，可替代一部分的内部研发活动。企业在资源匮乏的情况下，投资目的性更强，有限的资金可能集中于攻克技术瓶颈和开发新产品。外部环境出现的新技术对企业的影响更大，整体研发投入的资金利用率较高。而在金融发达地区，项目投资规模大，研发资金的使用效率并非首要考虑因素。

许昊等（2017）研究发现相比东部、中部地区，经济和科技欠发达的西北地区和东北地区企业创新绩效受到风险投资的影响更大。西北地区和东北地区本身技术资本存量小，创业投资带来的边际产出要大于技术资本存量大地区的企业。另外，东中部地区金融发达，企业科技水平整体偏高，与风险投资类似的创新机制较多；而西北地区、东北地区金融、科技水平较低，缺乏其他有效的创新机制，风险资本驱动创新的优势较为突出，促进企业创新产出的治理效果更加明显。因此，创业投资对处于金融、科技欠发达地区企业的创新促进效果更显著。综上，提出如下假设：

H5-5：在其他条件不变的情况下，地区金融发展水平较低地区，CVC投资对技术创新的作用越强。

（三）研究设计

1. 样本选择与数据来源

本节样本为2005~2017年我国A股非金融上市公司，剔除基础数据缺失和上市状态异常的企业，并对连续变量进行上下

1%分位的缩尾处理。基础财务数据均源于 CSMAR 数据库，计算地区金融发展水平指标的本外币贷款数据和 GDP 数据来自 Wind 数据库。

2. 变量定义

调节变量如下：（1）产品市场竞争程度（Competition）。使用赫芬达尔指数衡量产品市场竞争，首先计算样本企业所在行业内各企业销售收入占全行业销售收入的比例，然后汇总各个比例的平方和构建赫芬达尔指数（Herfindahl-Hirschman Index）。该指数越大，说明少数企业的销售规模越大，市场集中度越高，产品竞争程度越低。如果市场竞争激烈，单个企业占行业销售收入较小，则该行业销售占比的平方和越接近于零，即赫芬达尔指数越低。

（2）地区金融发展水平（Finregion）。借鉴杨兴全和曾义（2014）衡量区域金融发展程度的方法，使用各地区金融机构年末本外币贷款余额除以当地 GDP 衡量地区金融发展水平，并将地区金融发展水平与企业注册地省份一一匹配。地区金融机构年末贷款占 GDP 比重越高，则该地区金融越发达。

本节其他变量定义与第四章相同。

3. 模型设定

本节设定两个调节变量模型，其中模型（5-6）衡量外部产品市场竞争程度对创业投资与创新能力关系的影响，Competition 代表产品市场竞争程度。指数越小，市场竞争越激烈，预期创业投资与市场竞争的交乘项系数 β_2，符号为负。模型（5-7）衡量地区金融发展程度对创业投资促进创新作用的调节效应，Finregion 代表企业所处区域的金融发展状况，指标越大，地区金融发展越发达，预期创业投资与金融发展程度交乘项系数 β_2，符号为负。

$$Patent_{i,t} = \beta_0 + \beta_1 Cvc_{i,t} + \beta_2 Cvc_{i,t} \times Competition_{i,t} + \beta_3 Competition_{i,t} +$$
$$\lambda Controls + Industry + Year + \varepsilon \qquad (5-6)$$

$$Patent_{i,t} = \beta_0 + \beta_1 Cvc_{i,t} + \beta_2 Cvc_{i,t} \times Finregion_{i,t} + \beta_3 Finregion_{i,t} +$$
$$\lambda Controls + Industry + Year + \varepsilon \qquad (5-7)$$

（四）实证结果分析

1. 产品市场竞争的影响

产品市场竞争对创业投资与企业技术创新二者关系的影响如表 5-13 所示。产品市场竞争变量 Competition 所代表的赫芬达尔指数是反向指标，该指数越小说明市场竞争程度越激烈，指数越大则说明市场集中度越大，竞争趋于平缓。无论当期还是递延一期，公司创业投资与产品市场竞争程度二者的交乘项 Cvcif×Competition 显著为负，通过 1% 水平的显著性检验。说明当市场竞争趋缓，市场份额集中会削弱创业投资对技术创新的作用，企业可能享有超额利润，基于多元化等目标进行投资，企业向外投资寻求创新的动机较弱；同时也反向说明，市场竞争激烈，厂商规模离散度增加，能够刺激企业通过向外投资来提高自身创新产出水平。在下一部分稳健性检验中可以发现，创业投资对创新的作用在高产品竞争组中更为突出。假设 5-4 成立。

表 5-13　公司创业投资与技术创新——产品市场竞争的调节作用

变量	当期（t）		递延一期（t+1）	
	（1） Patent	（2） Patent1	（3） Patent	（4） Patent1
Cvcif	0.426 *** (8.64)	0.373 *** (6.80)	0.408 *** (7.35)	0.350 *** (5.53)

续表

变量	当期（t）		递延一期（t+1）	
	（1）Patent	（2）Patent1	（3）Patent	（4）Patent1
Competition	0.611***	0.501***	0.333*	0.297
	(3.97)	(3.29)	(1.84)	(1.63)
Cvcif×Competition	-1.987***	-1.557***	-1.495***	-1.045***
	(-6.09)	(-4.21)	(-4.21)	(-2.61)
Size	0.522***	0.538***	0.506***	0.532***
	(53.58)	(53.05)	(45.47)	(45.30)
Age	-0.162***	-0.166***	-0.171***	-0.187***
	(-6.54)	(-6.39)	(-6.40)	(-6.55)
Lev	-0.016	-0.239***	0.098	-0.127*
	(-0.29)	(-4.16)	(1.55)	(-1.91)
ROA	2.259***	2.071***	3.389***	3.286***
	(11.06)	(9.79)	(14.44)	(13.39)
OCF	0.185	0.040	0.296*	0.185
	(1.29)	(0.27)	(1.81)	(1.07)
SOE	-0.025	0.074***	-0.012	0.091***
	(-1.18)	(3.34)	(-0.53)	(3.64)
Top	-0.002***	-0.004***	-0.002***	-0.004***
	(-3.00)	(-6.83)	(-2.85)	(-6.10)
Dual	0.075***	0.088***	0.068***	0.091***
	(3.89)	(4.29)	(3.12)	(3.85)
Constant	-9.604***	-10.545***	-9.022***	-10.175***
	(-43.22)	(-45.57)	(-34.97)	(-37.13)
Year	Yes	Yes	Yes	Yes
Industry	Yes	Yes	Yes	Yes
N	17734	17734	13833	13833
R^2	0.367	0.324	0.351	0.308
r2_a	0.366	0.322	0.349	0.306
F	223.1	183.1	—	—

2. 地区金融发展水平的影响

表 5-14 显示，金融发展程度如何影响公司创业投资与技术创新的关系。地区金融发展水平使用本外币金融机构贷款与当地GDP 比重衡量，比值越大，说明金融活动越发达。无论当期还是递延一期，公司创业投资与金融发展程度的交乘项 Cvcif×Finregion 都显著为负，通过 1% 或 5% 水平的显著性检验。说明当金融活动发达时，公司外部创业投资活动对企业内外部技术创新的影响减弱。虽然金融发达地区企业融资约束相对较低，企业可能享有多方面的融资渠道，但是资金不一定流向长期性的创新资产，可能配置于其他收益更高的金融资产，或者由于资金成本低，资源配置效率较低；同时也反向说明，金融欠发达地区的企业，由于高收益的金融投资项目较少，资金成本较高，提高资源使用效率的竞争意识更强。在高融资约束的情况下，更注意使用外部投资资源辅助内部创新活动。在下一部分稳健性检验中可以发现，创业投资对创新的作用在低金融发展水平组中更为突出。假设5-5 成立。

表 5-14　公司创业投资与技术创新——地区金融发展水平的调节作用

变量	当期（t）		递延一期（t+1）	
	（1）Patent	（2）Patent1	（3）Patent	（4）Patent1
Cvcif	0.733***	0.628***	0.625***	0.513***
	（5.60）	（4.56）	（4.33）	（3.42）
Finregion	0.102***	0.177***	0.094***	0.188***
	（5.39）	（8.92）	（4.44）	（8.42）
Cvcif×Finregion	−0.336***	−0.277***	−0.252***	−0.191**
	（−4.15）	（−3.23）	（−2.90）	（−2.11）

续表

变量	当期（t）		递延一期（t+1）	
	（1）Patent	（2）Patent1	（3）Patent	（4）Patent1
Size	0.518***	0.531***	0.502***	0.524***
	（53.17）	（52.56）	（45.14）	（44.87）
Age	-0.158***	-0.156***	-0.166***	-0.176***
	（-6.40）	（-6.05）	（-6.25）	（-6.21）
Lev	0.003	-0.204***	0.116*	-0.086
	（0.06）	（-3.57）	（1.84）	（-1.30）
ROA	2.223***	2.036***	3.369***	3.265***
	（10.86）	（9.64）	（14.36）	（13.38）
OCF	0.207	0.067	0.306*	0.192
	（1.44）	（0.45）	（1.87）	（1.12）
SOE	-0.030	0.068***	-0.015	0.087***
	（-1.43）	（3.08）	（-0.67）	（3.51）
Top	-0.002***	-0.005***	-0.002***	-0.005***
	（-3.29）	（-7.37）	（-3.04）	（-6.60）
Dual	0.075***	0.088***	0.069***	0.090***
	（3.89）	（4.24）	（3.14）	（3.82）
Constant	-9.464***	-10.443***	-8.956***	-10.114***
	（-43.62）	（-46.26）	（-35.61）	（-37.91）
Year	Yes	Yes	Yes	Yes
Industry	Yes	Yes	Yes	Yes
N	17693	17693	13833	13833
R^2	0.367	0.326	0.351	0.311
r2_a	0.366	0.324	0.350	0.309
F	220.8	185.6	—	—

（五）稳健性检验

为了增强回归结果稳健性，进行如下稳健性检验：

1. 替换解释变量（Cvcif）

使用年度投资金额（Cvcamount）替代是否参与创业投资（Cvcif）进行回归。关于调节变量产品市场竞争程度，上文检验了在高市场竞争环境中，公司参与创业投资对技术创新的促进作用较强。表5-15显示交乘项的回归系数均在1%水平显著为负，与原有回归结果一致。说明当市场竞争激烈时，创业投资激励企业创新。关于地区金融发展程度，表5-16中各列交乘项系数为负，除递延一期列（4）系数在5%水平显著外，其余均通过了1%水平的显著性检验，与原假设回归结果无差别。反映出公司创业投资对技术创新的作用在金融发展欠发达地区更突出。

表5-15　产品市场竞争稳健性检验——替换解释变量衡量方式

变量	当期（t）		递延一期（t+1）	
	（1） Patent	（2） Patent1	（3） Patent	（4） Patent1
Cvcamount	0.025 ***	0.022 ***	0.025 ***	0.021 ***
	（8.75）	（6.89）	（7.53）	（5.63）
Competition	0.608 ***	0.500 ***	0.331 *	0.296
	（3.96）	（3.29）	（1.83）	（1.62）
Cvcamount×Competition	−0.122 ***	−0.097 ***	−0.092 ***	−0.065 ***
	（−6.33）	（−4.42）	（−4.25）	（−2.65）
Constant	−9.599 ***	−10.541 ***	−9.011 ***	−10.165 ***
	（−43.17）	（−45.54）	（−34.91）	（−37.07）
Control Variable	Yes	Yes	Yes	Yes
Year	Yes	Yes	Yes	Yes

续表

变量	当期（t）		递延一期（t+1）	
	（1）Patent	（2）Patent1	（3）Patent	（4）Patent1
Industry	Yes	Yes	Yes	Yes
N	17734	17734	13833	13833
R^2	0.367	0.324	0.351	0.308
r2_a	0.366	0.322	0.350	0.306
F	223.4	183.3	—	—

表 5-16　地区金融发展稳健性检验——替换解释变量衡量方式

变量	当期（t）		递延一期（t+1）	
	（1）Patent	（2）Patent1	（3）Patent	（4）Patent1
Cvcamount	0.044***	0.038***	0.038***	0.032***
	(5.62)	(4.62)	(4.32)	(3.46)
Finregion	0.103***	0.178***	0.093***	0.188***
	(5.41)	(8.96)	(4.43)	(8.43)
Cvcamount×Finregion	-0.020***	-0.017***	-0.015***	-0.012**
	(-4.21)	(-3.34)	(-2.88)	(-2.15)
Constant	-9.459***	-10.439***	-8.945***	-10.105***
	(-43.58)	(-46.24)	(-35.55)	(-37.85)
Control Variable	Yes	Yes	Yes	Yes
Year	Yes	Yes	Yes	Yes
Industry	Yes	Yes	Yes	Yes
N	17693	17693	13833	13833
R^2	0.367	0.326	0.352	0.311
r2_a	0.366	0.324	0.350	0.309
F	220.8	185.6	—	—

2. 替换调节变量及分组回归

产品市场竞争（Competition）的其他衡量方式有按照企业所在行业排名前五大公司的销售收入重新计算赫芬达尔指数，每个行业样本至少包含 10 家企业。按照企业赫芬达尔指数的年度中位数将样本分为高产品市场竞争组和低产品市场竞争组（见表 5-17）。赫芬达尔指数越高，说明市场份额越集中，市场竞争程度较低。如果企业赫芬达尔指数高于年度中位数则取值为 0，即低产品市场竞争组，否则取值为 1，即为高产品市场竞争组。表 5-17 的列（1）、列（3）、列（5）、列（7）显示在高产品市场竞争组中，公司创业投资系数均为正，并通过了 1% 水平的显著性检验。而在低产品市场竞争组，公司创业投资系数大部分不显著。说明公司创业投资对于技术创新的作用在竞争激烈的市场环境下更突出。

表 5-17 产品市场竞争稳健性检验——替换调节变量衡量方式及分组回归

变量	当期（t）				递延一期（t+1）			
	Patent		Patent1		Patent		Patent1	
	（1）高产品市场竞争组	（2）低产品市场竞争组	（3）高产品市场竞争组	（4）低产品市场竞争组	（5）高产品市场竞争组	（6）低产品市场竞争组	（7）高产品市场竞争组	（8）低产品市场竞争组
Cvcif	0.311 ***	0.107	0.310 ***	0.080	0.328 ***	0.152 *	0.326 ***	0.097
	（6.68）	（1.24）	（6.09）	（0.87）	（6.06）	（1.68）	（5.38）	（1.00）
Constant	-10.221 ***	-7.278 ***	-11.407 ***	-7.928 ***	-9.643 ***	-7.184 ***	-10.855 ***	-8.390 ***
	（-32.52）	（-16.17）	（-36.90）	（-17.28）	（-23.17）	（-14.19）	（-25.97）	（-15.89）
Control Variable	Yes	Yes	Yes	Yes	Yes	Yes	Yes	Yes
Year	Yes	Yes	Yes	Yes	Yes	Yes	Yes	Yes
Industry	Yes	Yes	Yes	Yes	Yes	Yes	Yes	Yes
N	13631	3841	13631	3841	10590	3054	10590	3054

续表

变量	当期（t）				递延一期（t+1）			
	Patent		Patent1		Patent		Patent1	
	（1）高产品市场竞争组	（2）低产品市场竞争组	（3）高产品市场竞争组	（4）低产品市场竞争组	（5）高产品市场竞争组	（6）低产品市场竞争组	（7）高产品市场竞争组	（8）低产品市场竞争组
R^2	0.360	0.277	0.335	0.247	0.343	0.284	0.314	0.257
r2_a	0.358	0.270	0.333	0.240	0.341	0.276	0.312	0.250
F	199.0	37.83	182.8	32.85	146.9	31.26	132.0	28.14

表 5-18 将地区金融发展水平指数（Finregion）按照年度均值分为高、低两组，大于年度均值的样本划分为地区金融发展水平较高组，赋值 1，否则划为地区金融发展水平较低组，赋值 0。列（2）、列（4）、列（6）和列（8）的结果显示创业投资与创新产出的系数在地区金融发展水平较低的组中显著为正，在列（1）、列（3）、列（5）和列（7）显示的金融发展水平较高组中大部分不显著。在金融不发达地区，公司参与创业投资更容易产生积极的正向效应。

表 5-18　地区金融发展稳健性检验——替换调节变量衡量方式及分组回归

变量	当期（t）				递延一期（t+1）			
	Patent		Patent1		Patent		Patent1	
	（1）地区金融发展水平较高组	（2）地区金融发展水平较低组	（3）地区金融发展水平较高组	（4）地区金融发展水平较低组	（5）地区金融发展水平较高组	（6）地区金融发展水平较低组	（7）地区金融发展水平较高组	（8）地区金融发展水平较低组
Cvcif	0.075	0.336***	0.027	0.348***	0.136**	0.341***	0.108	0.328***
	(1.27)	(5.74)	(0.41)	(5.64)	(2.20)	(4.81)	(1.46)	(4.45)
Constant	-10.637***	-8.549***	-12.048***	-9.267***	-10.547***	-7.846***	-11.997***	-8.863***
	(-29.70)	(-31.45)	(-33.57)	(-32.24)	(-24.27)	(-24.67)	(-26.57)	(-25.94)

续表

| 变量 | 当期（t） | | | | 递延一期（t+1） | | | |
| | Patent | | Patent1 | | Patent | | Patent1 | |
	（1）地区金融发展水平较高组	（2）地区金融发展水平较低组	（3）地区金融发展水平较高组	（4）地区金融发展水平较低组	（5）地区金融发展水平较高组	（6）地区金融发展水平较低组	（7）地区金融发展水平较高组	（8）地区金融发展水平较低组
Control Variable	Yes	Yes	Yes	Yes	Yes	Yes	Yes	Yes
Year	Yes	Yes	Yes	Yes	Yes	Yes	Yes	Yes
Industry	Yes	Yes	Yes	Yes	Yes	Yes	Yes	Yes
N	6052	11641	6052	11641	4701	9132	4701	9132
R^2	0.419	0.353	0.387	0.306	0.424	0.325	0.390	0.282
r2_a	0.415	0.350	0.383	0.304	0.419	0.322	0.385	0.280
F	102.0	149.5	94.48	120.0	—	106.0	—	86.85

四、本章小结

本章探讨了公司创业投资对技术创新的作用机制及内外部影响因素。首先，公司对外的创业投资并未挤出企业内部的研发投入，反而促使企业加大投入力度、提高研发强度，进而增加创新产出。研发投入在公司创业投资与创新活动的关系中起到中介作用。其次，从公司内部业务和管理者角度来看，企业自身业务多元化制约了公司创业投资发挥积极作用，而能力较强的管理者能够通过创业投资活动激励企业进行技术创新。最后，从外部竞争和金融发展角度来看，产品市场竞争程度和地区金融发展水平影响公司创业投资与技术创新的关系。产品市场竞争越激烈，越有利于创业投资发挥正向作用。而金融欠发达地区的企业，更倾向于利用外部投资获取的技术和知识改善公司自身的创新能力。需要说明的是，本章使用了两次赫芬达尔指数衡量调节变量，指数衡量内容不同，计算方式不同。业务多元化利用企业自身不同来源的业务收入计算赫芬达尔指数，是企业内部资源的度量。而产品市场竞争利用市场上不同企业的收入计算指数衡量市场竞争程度，是企业外部资源的度量。不同的指数计算内容，代表不同的变量意义。

第六章

公司创业投资与技术创新：经济后果检验

Ueda 和 Hirukawa（2003）认为研发投入、专利申请量、授予量并不能完全代表企业的技术创新能力，使用全要素生产率反映技术进步带来的企业增长更恰当。此外，企业成本加成率也是衡量企业核心优势的重要指标，包含了技术创新的贡献部分。与利润率一样，提高成本加成率、获得市场定价权是企业的追逐目标。因此，本章进一步讨论公司创业投资对企业全要素生产率以及成本加成率的影响，二者既是技术创新能力的替代衡量指标，也是由创业投资推动企业技术创新后产生的经济后果。此外，本章仍然考虑企业研发投入在整个链条"创业投资—技术创新—全要素生产率/成本加成率"中的中介作用。

一、公司创业投资与全要素生产率

（一）理论分析与假设提出

全要素生产率（TFP）指除土地、资本、劳动力等要素外由技术进步带来的生产率增长，也叫技术进步率，它被视作科技进步的重要指标。技术进步、生产创新、组织创新和专业化都能带来全要素生产率的增加。诸多学者致力于微观企业全要素生产率影响因素的研究，有学者关注了政府补贴（任曙明和吕镯，2014）、所得税改革（刘忠和李殷，2019）、企业家精神（徐远华，2019）、环境规制（王杰和刘斌，2014）、产业政策（钱雪松等，2018）等因素对 TFP 的影响。关于风险投资对被投资企业全要素生产率的影响，国内外学者取得了较为一致的结论，国外学者 Chemmanur 等（2011）、Croce 等（2013）分别验证了风险投资对美国制造业全要素生产率以及欧洲初创企业生产率的影响，他们认为风险投资具备筛选优质项目的能力，投资后提供增值服务可以提高被投资企业生产效率。国内学者陈鑫等（2017）检验不同类型风险资本对区域全要素生产率的影响，发现外资背景的风险投资推动了技术进步，民营背景的风险投资可以改善技术效率，国有风险投资的作用不明显。王雷和王新文（2020）测算了 1097 家公司上市当年的全要素生产率，发现有 IVC 投资支持的上市公司 TFP 提高了 1.53%，而 CVC 投资支持的上市公司 TFP 下降。以上研究对象皆是 CVC 投资与被投资企业 TFP 的关系，少有研究关注 CVC 投资对自身企业生产效率的影响，因此本章讨论公司创业投资对其自身全要素生产率的影响。

首先，第五章检验了 CVC 投资对技术创新的作用机制，即创业投资可以促使企业加大研发投入，提高创新产出。已达成研究共识的是研发投入对企业生产效率有显著正向影响（吴延兵，2006）。CVC 投资作为外部创新活动，可以替代研发低效率项目，提高研发资源利用率。CVC 投资有助于企业了解市场和需求，开发新产品、开拓新市场，进行产品创新、技术创新、渠道创新、盈利模式创新。其次，创业投资是企业感知环境变化和竞争强度的一个窗口，使企业充满忧患意识。便于了解行业最新技术和其他企业技术进步速度，利用市场新技术不断改进生产流程，改善生产效率。企业使用外部获得的信息和资源，无论是技术创新还是技术升级、引进、改进均可以提高生产效率，进而改善企业全要素生产率。最后，企业与被投资企业形成战略协同、资源互补，有利于提高资本配置效率，让资本从低效率企业进入高效率企业，加大企业间有形资本和无形资本流动。从外部企业学习的管理经验、先进的组织架构，甚至挖掘的人力资源皆有利于提升企业运行效率。因此，利用 CVC 投资的信息优势和学习效应，优化企业内部资产和资本配置，通过研发投入和技术引进、技术创新提高生产效率、资源配置效率和利用效率，提高企业全要素生产率。综上，提出如下假设：

H6-1：在其他条件不变的情况下，公司创业投资能够提升企业全要素生产率。

（二）模型设定和变量说明

1. 模型设定

$$\text{TFP}_{i,t} = \beta_0 + \beta_1 \text{Cvc}_{i,t} + \lambda \text{Controls} + \text{Industry} + \text{Year} + \varepsilon \tag{6-1}$$

$$\text{TFP}_{i,t} = \beta_0 + \beta_1 \text{Cvc}_{i,t} + \beta_2 \Delta \text{RD}_{i,t} + \lambda \text{Controls} + \text{Industry} + \text{Year} + \varepsilon \tag{6-2}$$

本节一方面将全要素生产率（TFP）视为企业技术创新水平的替代指标，另一方面将其作为创新行为产生的经济后果的衡量指标，因此与第四章模型类似，使用模型（6-1）验证 CVC 投资对于企业全要素生产率的作用，使用模型（6-2）验证研发投入的中介作用。

2. 变量说明

（1）被解释变量：全要素生产率（TFP）。常用的全要素生产率测算方法有增长核算法、参数法、非参数法和半参数法。本章借鉴 Levinsohn 和 Petrin（2003）以及鲁晓东和连玉君（2012）的研究，使用半参数 LP 法计算企业全要素生产率。计算过程中用到的数据包括产出变量为企业营业收入，劳动力投入为员工人数，资本投入为购建固定资产、无形资产和其他长期资产支付的现金，中间品投入为企业购买商品、接受劳务支付的现金。

（2）解释变量：是否参与创业投资（Cvcif），使用年度投资事件作为稳健性检验替代变量。

（3）中介变量：研发投入增加比例（ΔRD），即研发费用年度增加额/总资产。

（4）控制变量：借鉴简泽和段永瑞（2012）的研究，使用企业规模（Size）、企业年龄（Age）、资产负债率（Lev）、经营活动现金流比率（OCF）、企业性质（SOE）、平均工资率（Wage）、前十大股东持股（Top10）等变量作为模型控制变量，其中使用平均工资（Wage）度量劳动力质量，同时控制了行业和年度差异。具体变量定义如表 6-1 所示。

表 6-1　模型涉及变量定义表

变量类型	变量名称	变量符号	变量描述
因变量	全要素生产率	TFP	使用半参数 LP 法（Levinsohn 和 Petrin，2003）计算
自变量	是否参与创业投资	Cvcif	创业投资虚拟变量，公司有创业投资取值为 1，否则取值为 0
中介变量	研发投入增加比例	ΔRD	企业年度研发费增加值/企业总资产

变量类型	变量名称	变量符号	变量描述
控制变量	企业规模	Size	期末资产总额的自然对数
	企业年龄	Age	企业成立年限加1，取自然对数
	资产负债率	Lev	负债总额/期末总资产
	经营活动现金流比率	OCF	经营活动现金流量净额/期末总资产
	企业性质	SOE	企业性质虚拟变量，国有上市公司取值为1，否则取值为0
	平均工资率	Wage	企业应付工资总额/员工人数
	前十大股东持股	Top10	前十大股东持股比例
	行业	Industry	控制行业因素
	年度	Year	控制年度因素

（三）回归结果分析

表 6-2 是公司创业投资与企业全要素生产率关系的实证结果，列（1）和列（3）Cvcif 项系数显著为正，说明公司参与风险投资能够提升企业全要素生产率。上一章验证了公司创业投资能够增加企业研发投入，进而影响创新产出。因此，本章在列（2）和列（4）中加入年度研发投入增加比例，ΔRD 项显著为正，CVC 投资通过促进研发投入提升全要素生产率。但是 Cvcif 系数仍然显著，说明此时研发投入的中介效应是不完全中介效应，除增加研发投入外，创业投资还会通过改善企业运营效率、资产配置效率等途径来提升全要素生产率。因此，假设 6-1 成立。

表6-2　公司创业投资、研发投入增加值与全要素生产率

变量	当期（t）		递延一期（t+1）	
	（1）	（2）	（3）	（4）
Cvcif	0.049**	0.052**	0.079***	0.063**
	（2.55）	（2.13）	（3.41）	（2.47）
ΔRD		0.045**		0.246***
		（2.17）		（3.22）
Size	0.614***	0.596***	0.605***	0.587***
	（135.57）	（98.49）	（112.58）	（91.02）
Age	0.028**	0.048***	0.013	0.038**
	（2.28）	（3.28）	（0.92）	（2.42）
Lev	0.560***	0.658***	0.613***	0.681***
	（19.61）	（18.02）	（18.85）	（17.58）
OCF	0.999***	1.288***	1.090***	1.252***
	（14.09）	（13.83）	（13.61）	（12.67）
SOE	0.028***	0.038***	0.017	0.011
	（2.84）	（2.92）	（1.55）	（0.78）
Wage	0.330***	0.390***	0.262***	0.332***
	（13.08）	（10.60）	（8.88）	（8.11）
Top10	0.003***	0.002***	0.003***	0.002***
	（10.59）	（6.70）	（9.25）	（6.07）
Constant	0.879***	1.405***	1.171***	1.709***
	（8.75）	（9.54）	（10.05）	（10.80）
Year	Yes	Yes	Yes	Yes
Industry	Yes	Yes	Yes	Yes
N	17944	9515	15316	9443
R^2	0.725	0.743	0.694	0.718
r2_a	0.725	0.742	0.694	0.717
F	1230	749.4	949.9	664.6

注：＊＊＊、＊＊、＊分别表示参数估计值在1%、5%、10%水平显著；括号内数据为各参数估计值的T值；各变量系数经过异方差调整。下同。

（四） 进一步分析

本章进一步考虑产权性质、高新技术企业特征及市场势力的差异性影响。

1. 产权性质

在本书样本中，有 40.2% 的投资事件来自国有企业，非国有企业参与的投资占比为 59.8%（前文未报告）。相比国有企业，我国民营企业普遍存在融资约束、政治资源匮乏等问题，项目投资金额有限（罗党论和甄丽明，2008）。较低的抗风险能力使其存在危机意识，常常主动寻找外部机会。民营企业的优势是竞争与效率，由于民营企业经常处于竞争环境中，更能敏锐感知市场机会和风险。其组织架构相对简单、决策灵活，有利于及时调整战略，提高资产配置效率。由于资金和各类资源有限，民营企业资源利用率反而相对较高，外部投资带来的收益在民营企业内部更能利益最大化。民营企业人员流动性高，与初创企业的密切接触有利于挖掘高科技人才，增加人力资本。为了取得竞争优势和提高效率，民营企业有提升技术、降低成本的诉求，外部知识和技术的利用率较高。CVC 投资有利于民营企业及时进行战略调整、明确研发方向，获得人才和技术、增加研发投入利用效率，最终提升企业全要素生产率。而国有企业组织结构相对复杂、决策较为谨慎，缺乏激励，创新效率和资源利用效率低下（栾强和罗守贵，2017）。相比民营企业，外部创业投资对激励企业创新的作用有限。

表 6-3 显示，无论在当期还是递延一期，在非国有企业组中，公司创业投资的系数为正，通过了 5% 或 10% 水平的显著性检验，并且研发投入增加项 ΔRD 也显著为正。说明公司创业投

资通过增加研发投入，直接或者间接地提高了非国有企业全要素生产率。在国有企业组中，公司创业投资的系数并不显著，CVC投资的作用未得到有效发挥。

表6-3 公司创业投资、研发投入增加值与全要素生产率——产权性质分组

变量	当期（t）				递延一期（t+1）			
	（1）非国有企业	（2）国有企业	（3）非国有企业	（4）国有企业	（5）非国有企业	（6）国有企业	（7）非国有企业	（8）国有企业
Cvcif	0.037*	0.013	0.060**	-0.024	0.064**	0.043	0.069**	-0.019
	(1.72)	(0.35)	(2.26)	(-0.41)	(2.38)	(1.04)	(2.48)	(-0.34)
ΔRD			0.043*	0.033			0.314***	0.165*
			(1.95)	(1.01)			(3.53)	(1.80)
Size	0.624***	0.624***	0.610***	0.606***	0.624***	0.609***	0.608***	0.591***
	(91.29)	(98.39)	(73.76)	(63.99)	(72.48)	(86.30)	(70.00)	(58.86)
Age	-0.011	0.104***	0.021	0.127***	-0.024	0.085***	0.006	0.133***
	(-0.75)	(4.56)	(1.29)	(3.91)	(-1.49)	(3.41)	(0.38)	(3.82)
Lev	0.659***	0.385***	0.718***	0.465***	0.730***	0.433***	0.751***	0.459***
	(17.14)	(9.04)	(16.34)	(7.10)	(16.40)	(9.03)	(16.32)	(6.48)
OCF	0.960***	1.108***	1.260***	1.331***	1.052***	1.167***	1.145***	1.428***
	(10.63)	(9.80)	(11.49)	(7.65)	(10.08)	(9.48)	(9.92)	(7.65)
Wage	0.393***	0.296***	0.479***	0.339***	0.300***	0.256***	0.414***	0.275***
	(9.84)	(8.89)	(9.73)	(6.17)	(6.16)	(6.90)	(7.43)	(4.55)
Top10	0.005***	0.000	0.004***	-0.001	0.006***	0.000	0.004***	-0.001
	(14.46)	(0.89)	(9.36)	(-0.72)	(13.00)	(0.92)	(9.37)	(-1.00)
Constant	0.503***	0.805***	0.917***	1.404***	0.609***	1.202***	1.095***	1.689***
	(3.27)	(5.66)	(4.51)	(6.08)	(3.21)	(7.73)	(5.08)	(6.88)
Year	Yes	Yes	Yes	Yes	Yes	Yes	Yes	Yes
Industry	Yes	Yes	Yes	Yes	Yes	Yes	Yes	Yes
N	10658	7286	6536	2979	8797	6519	6482	2961
R²	0.674	0.732	0.683	0.745	0.638	0.703	0.667	0.715

变量	当期（t）				递延一期（t+1）			
	（1）非国有企业	（2）国有企业	（3）非国有企业	（4）国有企业	（5）非国有企业	（6）国有企业	（7）非国有企业	（8）国有企业
r2_a	0.673	0.731	0.681	0.742	0.636	0.702	0.665	0.712
F	—	639.9	414.0	327.8	—	518.6	381.4	280.9

2. 高新技术企业

一般来说，技术资本积累雄厚的企业可以更好地识别创业项目的技术含量，偏好投资科技型的初创企业，主要围绕自身业务范围进行投资，较少盲目多元化。经国家认定的高新技术企业对细分领域的核心技术拥有自主知识产权，熟悉专业领域的技术前沿。因此，具备筛选优质项目的能力，能够挖掘与企业战略、技术资源匹配的高价值项目。高新技术企业高科技人才、技术资本储备丰富，能够对被投资企业提供专业技术支持，拥有大量资源为初创企业进行增值服务。部分企业可以与初创企业合作开发技术，达成技术、资源的协同效应。待初创企业发展成熟后，二者形成规模效应，初创企业带来的财务收益、技术收益反哺投资企业自身。同时，高新技术企业技术吸收、转化率更高，外部知识、技术内化的效率更高。因此，高新技术企业比其他企业能更好地利用公司创业投资带来的资源和机会，全面提升企业效率，改善企业全要素生产率。

表6-4显示，除列（3）外，公司创业投资与全要素生产率的系数均显著为正。说明在多个期间，CVC投资对各类企业都有积极作用，但是高新技术企业组的系数显著性更高、系数值更大，且通过了组间差异邹检验测试（Chow Test）。与本书推测一致，在高新技术企业中，公司创业投资对企业效率的作用更为积

极有效。

表6-4 公司创业投资、研发投入增加值与全要素生产率——高新技术企业分组

变量	当期（t）				递延一期（t+1）			
	（1）非高新技术企业	（2）高新技术企业	（3）非高新技术企业	（4）高新技术企业	（5）非高新技术企业	（6）高新技术企业	（7）非高新技术企业	（8）高新技术企业
Cvcif	0.041*	0.078**	0.053	0.073**	0.066**	0.115***	0.058*	0.092**
	(1.74)	(2.46)	(1.64)	(2.05)	(2.27)	(3.15)	(1.76)	(2.45)
ΔRD			0.057*	0.020			0.277**	0.190**
			(1.78)	(1.05)			(2.37)	(2.51)
Size	0.612***	0.627***	0.591***	0.617***	0.604***	0.619***	0.581***	0.614***
	(116.07)	(68.07)	(80.19)	(55.14)	(93.92)	(62.42)	(73.55)	(53.38)
Age	0.017	0.052***	0.061***	0.038*	−0.000	0.040*	0.056**	0.022
	(1.07)	(2.74)	(2.98)	(1.86)	(−0.02)	(1.94)	(2.56)	(1.03)
Lev	0.501***	0.661***	0.574***	0.708***	0.548***	0.712***	0.607***	0.708***
	(14.22)	(14.14)	(11.80)	(12.69)	(13.56)	(13.69)	(11.85)	(12.10)
OCF	0.917***	1.160***	1.318***	1.268***	1.066***	1.111***	1.328***	1.153***
	(10.49)	(9.89)	(10.41)	(9.54)	(10.52)	(8.95)	(9.85)	(8.26)
SOE	0.034***	0.010	0.041**	0.032	0.026*	0.005	0.012	0.019
	(2.89)	(0.58)	(2.45)	(1.50)	(1.93)	(0.25)	(0.66)	(0.83)
Wage	0.289***	0.514***	0.257***	0.624***	0.208***	0.486***	0.189***	0.581***
	(10.12)	(9.63)	(5.48)	(10.17)	(6.18)	(7.96)	(3.61)	(8.48)
Top10	0.003***	0.003***	0.002***	0.003***	0.003***	0.004***	0.002***	0.004***
	(8.51)	(6.79)	(4.20)	(5.81)	(6.66)	(7.23)	(3.46)	(6.24)
Constant	0.920***	0.217	1.505***	1.026***	1.219***	0.361	1.810***	1.233***
	(8.08)	(1.02)	(8.87)	(3.84)	(9.00)	(1.58)	(9.84)	(4.43)
Year	Yes	Yes	Yes	Yes	Yes	Yes	Yes	Yes
Industry	Yes	Yes	Yes	Yes	Yes	Yes	Yes	Yes
N	12267	5677	5494	4021	10063	5253	5455	3988

续表

变量	当期（t）				递延一期（t+1）			
	（1）非高新技术企业	（2）高新技术企业	（3）非高新技术企业	（4）高新技术企业	（5）非高新技术企业	（6）高新技术企业	（7）非高新技术企业	（8）高新技术企业
R^2	0.727	0.701	0.749	0.701	0.696	0.673	0.724	0.679
r2_a	0.726	0.700	0.747	0.699	0.695	0.671	0.722	0.676
F	898.2	—	494.7	—	660.2	—	437.3	—

3. 市场势力

市场势力反映了公司在市场中的地位，高市场势力的企业拥有较高市场占有率和品牌影响力，竞争中享有主动权和议价权（周夏飞和周强龙，2014）。本节借鉴 Peress（2010）研究，采用简化计算的勒纳指数作为市场势力的衡量变量：（营业收入-营业成本-管理费用-销售费用）/营业收入。该指数越大，说明行业内话语权越强、竞争地位越高。将勒纳指数按照行业年度取均值，高于或低于均值分别划入高、低市场势力企业组。

高市场势力企业，为了维持市场地位时刻密切关注市场动向。有意识通过投资了解市场，收购新兴行业的企业，或将潜在竞争对手通过投资纳入自身的业务版图。享受超额利润的企业意味着产品有竞争优势，可以控制产品价格，并有能力影响其他市场参与者的行为（Lerner，1934；Brandow，1969）。在创业投资市场也是如此，当企业处于龙头地位时，投资某行业或企业易引起其他企业跟随投资，分担投资风险、增大项目成功概率。强势企业本身掌握核心技术或者拥有丰厚资源，有助于培育新兴企业。企业处于市场强势地位时，融资约束程度较低、风险承担能力提高，有意愿投入高不确定性的创新活动。同时，强势企业拥有较多资源，可以更好地转化吸收技术，甚至形成技术垄断。因此，拥有高市场势力的企业，从创业投资中获益更多。

　　表6-5显示了高市场势力和低市场势力企业CVC投资与全要素生产率关系的实证结果，在低市场势力企业中，创业投资系数和研发投入系数均不显著。而高市场势力企业，所有关键系数均显著为正，证实上文推测，即高市场势力企业利用创业投资优势可以提高企业生产效率。

表6-5　公司创业投资、研发投入增加值与全要素生产率——市场势力分组

变量	当期（t）				递延一期（t+1）			
	（1）低市场势力企业	（2）高市场势力企业	（3）低市场势力企业	（4）高市场势力企业	（5）低市场势力企业	（6）高市场势力企业	（7）低市场势力企业	（8）高市场势力企业
Cvcif	−0.010	0.083***	0.008	0.088***	0.041	0.092***	0.030	0.089***
	（−0.32）	（3.61）	（0.20）	（3.10）	（1.10）	（3.36）	（0.74）	（2.83）
ΔRD			0.039	0.058**			0.259**	0.227***
			（1.35）	（2.18）			（2.26）	（2.76）
Size	0.640***	0.616***	0.620***	0.600***	0.622***	0.616***	0.603***	0.597***
	（92.51）	（110.53）	（66.32）	（75.56）	（76.48）	（91.05）	（61.12）	（71.51）
Age	0.062***	−0.003	0.079***	0.034**	0.044*	−0.014	0.079***	0.015
	（3.08）	（−0.20）	（3.23）	（2.05）	（1.95）	（−0.89）	（3.03）	（0.85）
Lev	0.423***	0.365***	0.541***	0.473***	0.445***	0.470***	0.513***	0.562***
	（9.68）	（10.25）	（9.22）	（10.26）	（8.90）	（11.17）	（8.27）	（11.30）
OCF	1.313***	1.242***	1.640***	1.332***	1.463***	1.256***	1.604***	1.350***
	（11.16）	（15.49）	（10.33）	（12.32）	（11.29）	（13.00）	（9.70）	（11.38）
SOE	0.011	−0.005	0.041**	−0.005	0.009	−0.022	0.015	−0.037**
	（0.77）	（−0.44）	（2.14）	（−0.32）	（0.56）	（−1.53）	（0.74）	（−2.09）
Wage	0.255***	0.404***	0.396***	0.456***	0.192***	0.344***	0.331***	0.408***
	（5.98）	（13.50）	（6.19）	（10.67）	（3.96）	（9.46）	（4.60）	（8.58）
Top10	0.004***	0.004***	0.003***	0.003***	0.004***	0.004***	0.004***	0.003***
	（9.57）	（10.75）	（5.77）	（6.63）	（8.66）	（8.99）	（5.91）	（5.66）

续表

变量	当期（t）				递延一期（t+1）			
	（1）低市场势力企业	（2）高市场势力企业	（3）低市场势力企业	（4）高市场势力企业	（5）低市场势力企业	（6）高市场势力企业	（7）低市场势力企业	（8）高市场势力企业
Constant	0.359 **	0.858 ***	0.983 ***	1.318 ***	0.841 ***	0.948 ***	1.417 ***	1.483 ***
	(2.34)	(6.87)	(4.41)	(6.79)	(4.76)	(6.47)	(5.80)	(7.32)
Year	Yes	Yes	Yes	Yes	Yes	Yes	Yes	Yes
Industry	Yes	Yes	Yes	Yes	Yes	Yes	Yes	Yes
N	8868	8943	4445	5023	7578	7613	4413	4983
R^2	0.702	0.783	0.726	0.774	0.667	0.752	0.698	0.749
r2_a	0.701	0.782	0.724	0.772	0.665	0.751	0.696	0.747
F	528.6	824.5	347.3	444.1	401.9	623.6	302.8	400.2

（五）稳健性检验

1. 替换关键变量（Cvcif）

本节使用年度投资事件（Cvcn）替换解释变量重新验证 CVC 投资与全要素生产率的关系。结果如表 6-6 所示，在当期和递延一期，所有关键变量系数显著为正，说明创业投资项目数量越多，对提升企业生产效率的作用越大。实证结果与假设 6-1 一致。

表 6-6　创业投资与全要素生产率稳健性检验——替换解释变量

变量	当期（t）		递延一期（t+1）	
	（1）	（2）	（3）	（4）
Cvcn	0.022 **	0.024 *	0.038 ***	0.032 **
	(2.19)	(1.84)	(3.23)	(2.33)
ΔRD		0.045 **		0.246 ***
		(2.19)		(3.23)

续表

变量	当期（t）		递延一期（t+1）	
	（1）	（2）	（3）	（4）
Constant	0.874***	1.399***	1.168***	1.705***
	（8.71）	（9.50）	（10.03）	（10.78）
Control Variable	Yes	Yes	Yes	Yes
Year	Yes	Yes	Yes	Yes
Industry	Yes	Yes	Yes	Yes
N	17944	9515	15316	9443
R^2	0.725	0.743	0.694	0.718
r2_a	0.725	0.742	0.694	0.717
F	1230	749.3	949.7	664.5

2. 解决内生性问题

与第四章验证 CVC 投资与创新关系类似，本节研究也存在内生性问题。全要素生产率高的企业本身创新效率高，有意识向外部搜寻新技术和优质项目，二者可能存在反向关系。因此，将初创企业（被投资企业）所在地区国家级高新区数量作为工具变量，使用 GMM 模型进行检验。如果公司一年内有多个投资项目位于不同省份，则按照各个项目投资额权重乘以高新区数量计算高新区总量。该工具变量与公司创业投资行为相关，但与该公司本身的技术创新能力无关，具有外生性。检验结果如表 6-7 所示，与其他检验保持一致，假设 6-1 结论十分稳健。

表 6-7　创业投资与全要素生产率稳健性检验——工具变量

变量	当期（t）		递延一期（t+1）	
	（1）	（2）	（3）	（4）
Cvcn	0.072***	0.079**	0.084***	0.090***
	（3.01）	（2.57）	（2.93）	（2.68）

续表

变量	当期（t）		递延一期（t+1）	
	（1）	（2）	（3）	（4）
ΔRD		0.045**		0.246***
		（2.18）		（3.23）
Constant	0.892***	1.234***	1.174***	1.596***
	（8.85）	（8.66）	（10.05）	（10.36）
Control Variable	Yes	Yes	Yes	Yes
Year	Yes	Yes	Yes	Yes
Industry	Yes	Yes	Yes	Yes
N	17944	9515	15316	9443
R^2	0.725	0.743	0.694	0.718
r2_a	0.725	0.742	0.694	0.717

二、公司创业投资与企业成本加成

（一）理论分析与研究假设

企业成本加成指产品价格或劳务价格对边际成本的偏离程度，一般用价格成本比表示。其高低反映了市场竞争程度、企业市场势力和企业的盈利能力（刘啟仁和黄建忠，2015）。早期应用于产业组织和国际贸易研究领域，Melitz 和 Ottaviano（2008）发现市场竞争程度和贸易自由化程度影响行业平均价格加成以及行业生产率，出口强度、生产率与企业加成正相关，而进口集中程度、国内市场规模与企业加成负相关。祝树金和张鹏辉（2015）采用中国微观企业数据，发现仅仅具有较高生产率的资本密集型内资新出口企业才能收取较高的价格加成。至于进口竞争，其激烈程度降低制造业企业成本加成（钱学锋等，2016）。我国加入 WTO 后，贸易自由化导致的外国关税和投入品关税的下降，提升了制造业企业成本加成（余淼杰和袁东，2016）。来自 OECD 国家、出口导向型跨国企业进入（毛其淋和许家云，2016）、服务贸易开放提高了制造业企业加成率（李宏亮和谢建国，2018），实体企业金融化降低了企业成本加成率和利润分成（王博和毛毅，2019）。

关于加成率与创新的文章仅有两篇，刘啟仁和黄建忠（2016）使用中国工业企业数据库数据验证了产品创新从市场份额效应与成本效应两方面影响企业成本加成率。企业推出新产品、提升新产品产值占企业工业总产值比重时，市场份额增加，产品需求弹性降低；同时，企业产品创新或者持续创新促进生产率提高、边际成本下降，成本加成率增加。诸竹君等（2017）发现虽然劳动力成本上升引起加成率下降，但是企业可以通过工艺创新效应和质量升级效应等倒逼式创新行为动态提升加成率。本章希望通过技术创新这一渠道，验证公司创业投资对于企业成本加成率的影响。

企业成本加成率从简单计算式 P/C 来看，与企业成本和销售收入相关，即反映在生产效率和产品定价能力两方面。首先，从财务学角度对成本进行拆解，成本包含生产成本、制造费用、劳务成本、研发支出等，具体涉及原材料成本、设备折旧分摊、运输和仓储成本等细分项目。CVC 投资通过外部搜寻底层技术来改进生产流程和生产工艺，降低如制造、劳务、仓储各个环节运营成本。此外，与前文分析一致，跟随外部企业进行大规模的技术升级和技术更新显著提高企业生产效率，优化资源配置效率，加快企业要素流动，提升成本加成率。其次，CVC 投资促进企业创新，增加内部研发投入，激励企业开发新产品。而新产品开发可以开拓新市场，获得较高的产品定价权，技术垄断或产品垄断可以抢占市场份额以及保持高额的利润率。通过不断的技术创新增加产品附加值，也可以提升市场占有率、降低产品需求弹性，获得更高的定价权和成本加成率。最后，企业通过 CVC 投资可以感知市场需求，促进企业商业模式创新。创业投资使外部创新增加，通过模仿现有创业投资企业的商业模式创新或吸收创造新的商业模式，获得市场领先地位，成本加成增加，利润率提高。随着一国经济水平提高和国民财富的积累，消费者的购买意愿和支付能力提高，对高质量产品和多样化消费品的需求增强，而企业获得的成本加成较高。CVC 投资是企业保持与外界客户、市场连接的渠道。因此，公司创业投资可以影响企业成本变动和产品定价能力，进而提升企业成本加成率，增加利润率。综上，提出如下假设：

H6-2：在其他条件不变的情况下，公司创业投资能够增加企业成本加成率。

（二）模型设定和变量说明

1. 模型设定

$$MKP_{i,t} = \beta_0 + \beta_1 Cvc_{i,t} + \lambda Controls + Industry + Year + \varepsilon \qquad (6-3)$$

$$MKP_{i,t} = \beta_0 + \beta_1 Cvc_{i,t} + \beta_2 RD_{i,t} + \lambda Controls + Industry + Year + \varepsilon$$

$$(6-4)$$

本节使用模型（6-3）验证公司创业投资对于企业成本加成

155

率的作用，使用模型（6-4）验证研发投入的中介作用。

2. 变量说明

（1）被解释变量：企业成本加成的测算。当前研究对企业成本加成的测算主要有生产函数估计法和会计估计法。生产函数法考虑了经济周期和外部冲击的影响，使用生产函数估算企业成本加成。Hall（1986）、Domowitz 等（1988）提出了使用行业层面的投入、产出和价格要素数据，在不完全竞争市场条件下测算成本加成的双索洛余值法。Edmond 等（2012）依据中间生产行业投入品生产利润最大化的条件，构造新的生产函数，推导出企业成本加成等于劳动产出弹性除以劳动收入份额。De Loecker 和 Warzynski（2012）基于 Hall（1986）的研究，放松了市场结构和需求结构的约束条件，使用企业实际产出数据和产出价格估算产出弹性，进而计算企业加成。Edmond 等（2012）的方法及 DLW 法在国际贸易领域的研究中应用广泛。

会计估计法主要运用企业的工业增加值、工资支出和中间投入要素成本计算企业加成率。其数据容易获得，能较好地体现行业间差异，避免了经济周期和外部冲击的影响（Siotis，2003）。计算公式如下：

$$\left(\frac{p-c}{p}\right)_{it} = 1 - \frac{1}{MKP_{it}} = \left(\frac{Va-Wage}{Va+Ncm}\right)_{it}$$

其中，p 为企业的产品价格，c 为生产边际成本，MKP_{it} 代表企业 i 在时间 t 的成本加成。Va 代表企业工业增加值，用上市公司销售商品提供劳务收到的现金衡量；Wage 指企业当年所支付的工资总额，使用应付职工薪酬衡量；Ncm 代表中间投入要素成本，使用上市公司购买商品接受劳务支付的现金衡量。

本节借鉴钱学锋等（2016）的研究，使用生产函数法中的

Edmond 等（2012）方法计算成本加成，并使用会计估计法（Domowitz 等，1986）重新计算企业成本加成作为替换变量进行稳健性检验。

（2）解释变量：公司是否参与创业投资（Cvcif），使用年度投资事件作为稳健性检验替代变量，与其他章节保持一致。

（3）中介变量：研发投入（RD），即企业年度研发费用的自然对数。

（4）控制变量：分别借鉴刘啟仁和黄建忠（2016）、李宏亮和谢建国（2018）等的研究，使用企业规模（Size）、企业年龄（Age）、企业性质（SOE）、第一大股东持股比例（Top）、资本劳动比（FAL）、资本产出比（FACA）、平均工资率（Wage）、行业市场集中度（HHI）、政府补助（Govsub）等变量作为模型控制变量，同时控制了行业和年度差异。具体变量定义如表6-8所示。

表6-8　模型使用变量定义表

变量类型	变量名称	变量符号	变量描述
因变量	成本加成率	MKP	使用生产函数法（Edmond 等，2012）计算
自变量	是否参与创业投资	Cvcif	创业投资虚拟变量，公司有创业投资取值为1，否则取值为0
中介变量	研发投入	RD	企业年度研发费用的自然对数
控制变量	企业规模	Size	期末资产总额的自然对数
	企业年龄	Age	企业成立年限加1，取自然对数
	企业性质	SOE	企业性质虚拟变量，国有上市公司取值为1，否则取值为0
	第一大股东持股	Top	第一大股东持股比例
	资本劳动比	FAL	固定资产年均余额/员工人数
	资本产出比	FACA	固定资产合计/工业总产值（营业收入）
	平均工资率	Wage	企业应付工资总额/员工人数
	行业市场集中度	HHI	采用四分位行业的赫芬达尔指数

变量类型	变量名称	变量符号	变量描述
控制变量	政府补助	Govsub	收到的政府补贴/企业营业收入
	行业	Industry	控制行业因素
	年度	Year	控制年度因素

（三）回归结果分析

表6-9显示公司创业投资能够提高企业成本加成率，并且在将研发投入纳入模型后，递延期创业投资系数有略微增长，说明外部创新和内部研发是互相促进的关系。本章第一节将研发投入增加比例作为中介变量，本节将研发投入自然对数作为中介变量。结论证实无论是放入研发投入增加比例，还是放入当期及下一期研发费用，CVC投资皆不会挤出企业自身的研发投入，研究结论十分稳健。

表6-9 公司创业投资、研发投入与成本加成率

变量	当期（t）		递延一期（t+1）	
	（1）	（2）	（3）	（4）
Cvcif	0.005***	0.005***	0.004***	0.005***
	（4.48）	（4.51）	（3.58）	（3.67）
RD		0.003***		0.003***
		（14.33）		（10.50）
Size	-0.006***	-0.008***	-0.006***	-0.008***
	（-37.43）	（-30.89）	（-35.23）	（-26.36）
Age	-0.001	-0.000	-0.001	-0.000
	（-1.36）	（-0.67）	（-1.50）	（-0.66）
SOE	0.002***	0.004***	0.002***	0.004***
	（6.34）	（7.99）	（5.58）	（7.31）

续表

变量	当期（t）		递延一期（t+1）	
	（1）	（2）	（3）	（4）
Top	0.000***	0.000***	0.000***	0.000***
	（5.17）	（5.30）	（3.98）	（3.98）
FAL	-0.014***	-0.019***	-0.012***	-0.017***
	（-27.15）	（-22.98）	（-24.19）	（-20.04）
FACA	0.024***	0.029***	0.019***	0.023***
	（34.32）	（32.53）	（27.04）	（24.52）
Wage	0.024***	0.026***	0.026***	0.029***
	（19.32）	（15.15）	（18.74）	（14.72）
HHI	-0.005	-0.007	0.002	-0.003
	（-0.81）	（-0.93）	（0.25）	（-0.39）
Govsub	0.214***	0.204***	0.213***	0.206***
	（14.79）	（12.88）	（13.35）	（11.47）
Constant	0.125***	0.123***	0.133***	0.130***
	（24.99）	（23.37）	（25.60）	（21.63）
Year	Yes	Yes	Yes	Yes
Industry	Yes	Yes	Yes	Yes
N	16550	12472	14090	10157
R^2	0.403	0.419	0.361	0.367
r2_a	0.402	0.417	0.359	0.364
F	161.0	—	129.5	104.6

（四） 进一步分析

本节进一步考虑产权性质、高新技术企业及市场集中度的差异性影响。

1. 产权性质

如前文所述，国有企业创新积极性和创新效率普遍不高，由于融资约束程度低、有一定的垄断资源，改进技术、节约成本的动力不足，创业投资对其成本加成率的影响十分有限。如表6-10所示，列（2）和列（6）的 Cvcif 系数均不显著，在加入研发投入增加比例变量后，才体现出对成本加成率的影响。可能 CVC 投资对国有企业的作用仅限于刺激研发投入，暂时未在其他如管理、优化生产流程方面发挥作用。

表6-10　公司创业投资、研发投入与成本加成率——产权性质分组

变量	当期（t）				递延一期（t+1）			
	（1）非国有企业	（2）国有企业	（3）非国有企业	（4）国有企业	（5）非国有企业	（6）国有企业	（7）非国有企业	（8）国有企业
Cvcif	0.006*** (4.35)	0.002 (1.39)	0.005*** (3.86)	0.004** (2.10)	0.006*** (3.62)	0.002 (0.99)	0.006*** (3.29)	0.003 (1.55)
RD			0.005*** (14.73)	0.001*** (4.96)			0.005*** (11.31)	0.001*** (3.95)
Size	-0.007*** (-25.45)	-0.006*** (-29.44)	-0.010*** (-24.27)	-0.007*** (-20.00)	-0.007*** (-22.94)	-0.006*** (-28.79)	-0.010*** (-21.09)	-0.007*** (-17.25)
Age	-0.001* (-1.83)	0.001 (1.11)	-0.001 (-1.31)	0.002 (1.38)	-0.002** (-2.30)	0.001 (1.23)	-0.001 (-1.36)	0.001 (1.12)
Top	0.000 (0.05)	0.000*** (9.48)	0.000 (1.34)	0.000*** (7.46)	-0.000 (-0.50)	0.000*** (8.37)	0.000 (0.64)	0.000*** (6.18)
FAL	-0.019*** (-16.54)	-0.012*** (-19.35)	-0.027*** (-14.98)	-0.016*** (-15.78)	-0.016*** (-14.08)	-0.010*** (-18.35)	-0.024*** (-12.86)	-0.014*** (-13.29)
FACA	0.026*** (25.53)	0.023*** (24.04)	0.032*** (25.38)	0.029*** (20.28)	0.020*** (19.04)	0.021*** (20.30)	0.025*** (18.91)	0.025*** (15.89)
Wage	0.032*** (14.58)	0.018*** (12.59)	0.028*** (10.68)	0.021*** (10.24)	0.037*** (14.71)	0.018*** (11.84)	0.034*** (11.33)	0.022*** (8.72)

续表

变量	当期（t）				递延一期（t+1）			
	（1）非国有企业	（2）国有企业	（3）非国有企业	（4）国有企业	（5）非国有企业	（6）国有企业	（7）非国有企业	（8）国有企业
HHI	−0.001	−0.006	−0.004	−0.011	0.007	−0.005	0.000	−0.005
	（−0.18）	（−0.98）	（−0.43）	（−1.02）	（0.79）	（−0.79）	（0.03）	（−0.44）
Govsub	0.266***	0.093***	0.236***	0.089***	0.274***	0.084***	0.243***	0.084***
	（14.20）	（4.52）	（12.20）	（3.67）	（13.04）	（3.91）	（11.04）	（3.19）
Constant	0.138***	0.120***	0.136***	0.116***	0.148***	0.129***	0.146***	0.123***
	（14.11）	（19.84）	（17.89）	（14.83）	（14.73）	（19.92）	（16.86）	（13.84）
Year	Yes	Yes	Yes	Yes	Yes	Yes	Yes	Yes
Industry	Yes	Yes	Yes	Yes	Yes	Yes	Yes	Yes
N	10169	6381	8624	3848	8393	5697	6911	3246
R^2	0.404	0.431	0.434	0.449	0.359	0.391	0.380	0.402
r2_a	0.401	0.427	0.432	0.443	0.356	0.387	0.377	0.395
F	—	76.14	93.48	—	—	66.02	70.42	49.22

2. 高新技术企业

本章第一节分析了高新技术企业的特征，该类企业经过国家相关部门认定，掌握行业核心技术，属于细分领域龙头企业。因此其不断更新技术推出新产品、开发新市场、扩大市场份额，或者改进技术节约生产成本。外部新技术、新的管理模式可以更好地被吸收利用，创业投资对成本加成率的提升在高新技术企业中更加明显。表6-11的实证结果证实了这一点，虽然各组关键项系数都显著，但是高新技术企业组 Cvcif 和 RD 项系数明显较大。采用邹检验测试组间系数差异（见表6-11），发现各组的确存在系数差异。

表6-11 公司创业投资、研发投入与成本加成率——高新技术企业分组

变量	当期（t）				递延一期（t+1）			
	（1）非高新技术企业	（2）高新技术企业	（3）非高新技术企业	（4）高新技术企业	（5）非高新技术企业	（6）高新技术企业	（7）非高新技术企业	（8）高新技术企业
Cvcif	0.003***	0.007***	0.004***	0.007***	0.003**	0.006***	0.004**	0.006***
	(2.68)	(3.86)	(3.10)	(3.28)	(1.97)	(3.08)	(2.27)	(2.70)
RD			0.003***	0.005***			0.003***	0.004***
			(12.27)	(8.52)			(8.95)	(7.25)
Size	−0.006***	−0.007***	−0.008***	−0.011***	−0.006***	−0.007***	−0.008***	−0.010***
	(−31.68)	(−19.00)	(−26.03)	(−16.62)	(−29.36)	(−18.84)	(−22.01)	(−15.11)
Age	−0.001	−0.001	−0.000	−0.000	−0.001	−0.001	−0.001	0.000
	(−0.88)	(−1.30)	(−0.59)	(−0.16)	(−1.36)	(−1.13)	(−1.04)	(0.21)
SOE	0.001**	0.005***	0.002***	0.005***	0.001	0.005***	0.002***	0.005***
	(2.03)	(7.88)	(4.15)	(6.27)	(1.28)	(7.13)	(3.37)	(5.82)
Top	0.000***	0.000***	0.000***	0.000***	0.000***	0.000*	0.000***	0.000*
	(4.28)	(2.71)	(4.37)	(2.65)	(3.36)	(1.83)	(3.35)	(1.75)
FAL	−0.013***	−0.019***	−0.019***	−0.021***	−0.011***	−0.017***	−0.016***	−0.019***
	(−23.70)	(−11.58)	(−20.35)	(−10.69)	(−20.82)	(−10.64)	(−17.27)	(−9.86)
FACA	0.023***	0.025***	0.030***	0.029***	0.019***	0.020***	0.024***	0.024***
	(28.12)	(19.30)	(26.22)	(19.47)	(21.98)	(15.40)	(19.44)	(15.04)
Wage	0.023***	0.029***	0.024***	0.028***	0.025***	0.029***	0.028***	0.028***
	(15.91)	(11.43)	(12.04)	(9.17)	(15.54)	(10.66)	(11.76)	(8.95)
HHI	−0.002	−0.009	0.002	−0.021*	0.005	−0.004	0.007	−0.017
	(−0.29)	(−0.90)	(0.21)	(−1.85)	(0.67)	(−0.34)	(0.64)	(−1.30)
Govsub	0.213***	0.214***	0.205***	0.197***	0.222***	0.195***	0.222***	0.180***
	(11.79)	(8.95)	(10.08)	(7.95)	(10.81)	(7.82)	(9.37)	(6.67)
Constant	0.123***	0.125***	0.118***	0.148***	0.132***	0.125***	0.126***	0.147***
	(22.00)	(7.87)	(18.55)	(15.09)	(22.24)	(7.82)	(17.02)	(14.10)
Year	Yes	Yes	Yes	Yes	Yes	Yes	Yes	Yes
Industry	Yes	Yes	Yes	Yes	Yes	Yes	Yes	Yes
N	10926	5624	7866	4606	8875	5215	5956	4201

续表

变量	当期（t）				递延一期（t+1）			
	（1）非高新技术企业	（2）高新技术企业	（3）非高新技术企业	（4）高新技术企业	（5）非高新技术企业	（6）高新技术企业	（7）非高新技术企业	（8）高新技术企业
R^2	0.402	0.424	0.421	0.432	0.363	0.375	0.375	0.373
r2_a	0.399	0.420	0.418	0.427	0.360	0.370	0.371	0.368
F	106.0	67.27	—	—	81.39	56.92	67.71	—
Chow test	4.70***		3.62***		4.66***		3.74***	

3. 市场集中度

本节按照市场集中度（HHI）均值将样本企业分为强、弱行业竞争企业组，由于赫芬达尔指数是反向指标，市场集中度越高，行业竞争不激烈，市场集中度越低，行业竞争越激烈。当外部竞争激烈时，企业自行研发速度慢、风险高，可能研发尚未成功，市场已推出新的产品。因此，处于竞争程度高的环境中，时间意味着效率，企业有向外寻求创新的动机。CVC投资为此提供契机，将外部的底层技术尽快转化为生产端的技术改良，进而达到成本削减、成本加成提高的目的。因此，在市场集中度低的组，外部投资对改进技术、节约生产成本的作用更为明显。

如表6-12所示，处于强行业竞争的企业，Cvcif系数和显著性均大于弱竞争组的企业。在加入研发投入增加比例变量后，弱竞争组Cvcif项有一些系数大小的变化。在当期和递延一期，虽然弱竞争组企业Cvcif系数还是在10%水平显著，但是系数由0.004变为0.005或0.006。说明不仅公司创业投资能增加企业研发投入，而且研发投入也有利于公司创业投资发挥作用。当竞争不激烈时，企业有时间进行长期开发，良好的技术资本积累有助于技术吸收和改进、降低产品成本。采用邹检验测试组间系数差异（见表6-12），证实各组存在系数差异。

表6-12 公司创业投资、研发投入与成本加成率——行业竞争程度分组

变量	当期（t）				递延一期（t+1）			
	（1）强行业竞争企业	（2）弱行业竞争企业	（3）强行业竞争企业	（4）弱行业竞争企业	（5）强行业竞争企业	（6）弱行业竞争企业	（7）强行业竞争企业	（8）弱行业竞争企业
Cvcif	0.005***	0.004*	0.005***	0.005*	0.004***	0.004	0.004***	0.006*
	(5.12)	(1.70)	(4.82)	(1.85)	(3.72)	(1.49)	(3.37)	(1.77)
RD			0.002***	0.004***			0.002***	0.004***
			(11.05)	(9.00)			(7.32)	(7.58)
Size	−0.006***	−0.006***	−0.008***	−0.009***	−0.006***	−0.006***	−0.008***	−0.008***
	(−33.40)	(−14.81)	(−26.79)	(−14.62)	(−32.88)	(−13.07)	(−23.47)	(−12.05)
Age	−0.000	−0.002	0.000	−0.002	−0.001	−0.001	−0.000	−0.001
	(−0.64)	(−1.28)	(0.35)	(−1.34)	(−1.30)	(−0.73)	(−0.19)	(−0.62)
SOE	0.004***	−0.001	0.004***	0.002*	0.004***	−0.001	0.004***	0.003*
	(9.36)	(−1.05)	(8.84)	(1.83)	(8.36)	(−1.36)	(7.74)	(1.92)
Top	0.000***	0.000	0.000***	0.000	0.000***	0.000	0.000***	0.000
	(6.65)	(1.41)	(6.31)	(1.37)	(4.52)	(1.58)	(4.04)	(1.64)
FAL	−0.018***	−0.011***	−0.022***	−0.017***	−0.016***	−0.010***	−0.020***	−0.015***
	(−18.69)	(−17.66)	(−17.79)	(−13.32)	(−17.61)	(−15.12)	(−15.85)	(−11.20)
FACA	0.025***	0.023***	0.029***	0.031***	0.020***	0.019***	0.023***	0.024***
	(29.34)	(19.73)	(28.46)	(16.58)	(23.55)	(15.18)	(21.86)	(11.81)
Wage	0.028***	0.021***	0.028***	0.024***	0.030***	0.023***	0.031***	0.025***
	(18.07)	(10.60)	(14.91)	(6.94)	(16.75)	(10.60)	(13.85)	(6.76)
Govsub	0.198***	0.239***	0.185***	0.244***	0.190***	0.251***	0.172***	0.278***
	(12.52)	(8.06)	(11.02)	(6.97)	(10.89)	(7.70)	(9.27)	(6.85)
Constant	0.131***	0.115***	0.129***	0.112***	0.142***	0.116***	0.139***	0.105***
	(16.38)	(11.68)	(22.14)	(8.17)	(16.65)	(10.88)	(20.37)	(6.51)
Year	Yes	Yes	Yes	Yes	Yes	Yes	Yes	Yes
Industry	Yes	Yes	Yes	Yes	Yes	Yes	Yes	Yes
N	11848	4702	9410	3062	10111	3979	7704	2453

续表

变量	当期（t）				递延一期（t+1）			
	（1）强行业竞争企业	（2）弱行业竞争企业	（3）强行业竞争企业	（4）弱行业竞争企业	（5）强行业竞争企业	（6）弱行业竞争企业	（7）强行业竞争企业	（8）弱行业竞争企业
R^2	0.386	0.405	0.395	0.411	0.332	0.375	0.328	0.376
r2_a	0.385	0.400	0.394	0.404	0.330	0.369	0.326	0.367
F	174.9	70.84	142.8	—	146.8	56.79	116.2	46.22
Chow test	5.84***		3.76***		4.83***		3.88***	

（五）稳健性检验

1. 替换解释变量

本节使用年度投资事件（Cvcn）替换解释变量重新验证 CVC 投资与成本加成率的关系。结果如表 6-13 所示，在当期和递延一期，所有关键变量系数显著为正，说明创业投资项目数量越多，对企业降低成本、提升价格的作用越大。实证结果与假设 6-2 一致。

表 6-13　创业投资与成本加成率稳健性检验——替换解释变量

变量	当期（t）		递延一期（t+1）	
	（1）	（2）	（3）	（4）
Cvcn	0.002***（3.16）	0.002***（3.64）	0.002**（2.48）	0.002***（2.87）
RD		0.003***（14.41）		0.003***（10.55）
Constant	0.124***（24.84）	0.123***（23.33）	0.132***（25.47）	0.129***（21.60）
Control Variable	Yes	Yes	Yes	Yes

续表

变量	当期（t）		递延一期（t+1）	
	（1）	（2）	（3）	（4）
Year	Yes	Yes	Yes	Yes
Industry	Yes	Yes	Yes	Yes
N	16550	12472	14090	10157
R^2	0.403	0.419	0.360	0.366
r2_a	0.401	0.417	0.358	0.364
F	160.8	—	129.5	104.7

2. 替换被解释变量

本节使用会计估计法重新计算企业成本加成率。实证结果如表6-14所示，各个期间的各个关键项系数均显著为正，假设6-2结论十分稳健。

表6-14　创业投资与全要素生产率稳健性检验——替换被解释变量

变量	当期（t）		递延一期（t+1）	
	（1）	（2）	（3）	（4）
Cvcif	0.094***	0.135***	0.090**	0.133***
	(3.03)	(3.61)	(2.56)	(3.13)
RD		0.061***		0.055***
		(7.55)		(6.31)
Constant	2.627***	2.594***	2.775***	2.648***
	(18.38)	(15.33)	(18.59)	(14.16)
Control Variable	Yes	Yes	Yes	Yes
Year	Yes	Yes	Yes	Yes
Industry	Yes	Yes	Yes	Yes
N	16548	12470	13174	9737
R^2	0.148	0.142	0.147	0.139
r2_a	0.146	0.139	0.145	0.135

续表

变量	当期（t）		递延一期（t+1）	
	（1）	（2）	（3）	（4）
F	69. 26	—	—	38. 62

3. 解决内生性问题

本节将初创企业（被投资企业）所在地区国家级高新区数量作为工具变量，使用 GMM 模型进行检验。如果企业一年内有多个投资项目位于不同省份，则按照各个项目投资额权重乘以高新区数量计算高新区总量。该工具变量与公司创业投资行为相关，但与该企业本身的技术创新能力无关，具有外生性。检验结果如表 6-15 所示，与上文其他检验保持一致，假设 6-2 结论成立。

表6-15　创业投资与全要素生产率稳健性检验——工具变量

变量	当期（t）		递延一期（t+1）	
	（1）	（2）	（3）	（4）
Cvcif	0. 004 ***	0. 005 ***	0. 003 **	0. 005 ***
	（3. 25）	（3. 50）	（2. 31）	（2. 85）
RD		0. 003 ***		0. 003 ***
		（14. 35）		（10. 52）
Constant	0. 141 ***	0. 136 ***	0. 145 ***	0. 138 ***
	（33. 78）	（25. 84）	（31. 99）	（23. 27）
Control Variable	Yes	Yes	Yes	Yes
Year	Yes	Yes	Yes	Yes
Industry	Yes	Yes	Yes	Yes
N	16550	12472	14090	10157
R^2	0. 403	0. 419	0. 361	0. 367
r2_ a	0. 402	0. 417	0. 359	0. 364

三、本章小结

　　本章分别从生产效率和成本变动角度考察了公司创业投资对企业全要素生产率和成本加成率的影响。实证结果表明，CVC 投资可能通过提高生产效率、优化资源配置效率影响了企业全要素生产率；CVC 投资可能通过技术创新来降低成本、开发新产品以获得市场定价权影响成本加成率。在以上关系中研发投入起部分中介效应。在进一步分析中，CVC 投资对全要素生产率的促进作用在非国有企业、高新技术企业、高市场势力企业中更为显著；CVC 投资对企业成本加成的积极作用在非国有企业、高新技术企业、强行业竞争的企业中更为明显。个别企业加入研发投入增加比例变量后，创业投资系数略微增加，说明创业投资的作用通过增加研发活动得到更充分的发挥。如果企业本身有丰厚的技术积累以及有强烈动机去寻求外部创新，CVC 投资的作用能得到更好的发挥。

第七章

结论与展望

由于我国高科技企业和风险投资市场的发展，近年来出现了大量关于独立风险投资的研究，公司创业投资（CVC 投资）的研究仍处于初步探索阶段，研究数据较难获得导致研究数量较少。本书在分析中国上市公司风险投资现状的基础上，总结国内外相关文献研究成果，根据 2005～2017 年沪深两市 A 股上市公司投资事件形成非平衡面板数据，采用计量经济学模型验证了公司创业投资对企业自身技术创新和全要素生产率、成本加成率的影响。本章归纳了研究的主要结论，提出政策建议，列出了研究不足和未来研究展望。

一、主要研究结论

本书经过理论阐述、案例分析和实证检验引言部分提出的研究问题，主要得出以下研究结论：

第一，虽然企业在开展创业投资活动中存在与被投资企业的信息不对称、逆向选择和道德风险问题，但是根据知识溢出、组织学习与战略联盟等理论，大企业可以通过 CVC 投资向外收集新知识和新技术，掌握市场变化。与初创企业达成战略协同效应，与合投企业形成投资联盟，降低投资风险。根据生命周期理论，企业发展到一定阶段会遭遇创新瓶颈，而 CVC 投资是向外寻求突破性创新的重要渠道。总之，公司创业投资可以提升投资者的技术创新能力。CVC 投资项目数量、年度投资金额均与企业当期及未来一期的专利申请总量及发明专利申请量呈正相关关系。

第二，关于投资特征，根据第四章的描述性统计，本书将公司投资者的生命周期分为三个期间，将初创企业发展阶段分为三个期间，再将投资公司与初创企业投资阶段相匹配，发现企业在成长期、成熟期进行 CVC 投资有利于技术吸收、提高创新能力。投资处于初创期和扩张期的初创企业对自身技术创新能力提升力度最大。二者匹配后，成长期、成熟期企业对扩张期初创企业的投资效果最好。直接投资与通过合资或合伙企业投资对企业自身技术创新影响较大，参投其他独立风险投资机构的企业对创新的影响不明显。此外，近年来独投与合投比例出现逆转，独立投资的企业越来越少，而联合投资的投资事件比例逐年上升。原因可能是联合投资有利于降低投资风险，便于向其他企业学习投资经验。投资轮次主要集中于 B 轮以前的投资阶段。CVC 投资存在区域集中趋势，投资机构和投资项目均来自北京、上海、广东、江浙等区域，可能与这些区域的产业聚集相关。

第三，根据外部探索式创新及同侪效应，公司创业投资促使公司增加研发投入，进而影响创新产出。研发投入在 CVC 投资与企业技术创新的关系中发挥部分中介效应。从企业内部影响因素来说，多元化经营不利于 CVC 投资促进企业技术创新，能力强的管理者有利于 CVC 投资促进技术创新；从企业外部影响因素来看，产品市场竞争增加 CVC 投资的积极作用，金融不发达地区 CVC 投资的作用更显著。

第四，企业全要素生产率和成本加成率既可以看作企业创新能力的替代指标，也可以认为是创业投资带动技术创新产生的经济后果。CVC 投资刺激研发投入，研发活动直接提高企业全要素生产率和成本加成率。但是，研发投入仅发挥部分中介效应，CVC 投资带来的企业间资源和信息流动有利于提高企业生产效率和资源配置效率，进而改善全要素生产率。同时，企业通过 CVC 项目不断从外部吸收新知识、进行技术革新，扩大市场占有率提高定价权，或者改进工艺流程，降低成本从而提高成本加成率。因此，CVC 投资直接或者间接正向影响全要素生产率和成本加成率，以上结论皆证实了公司创业投资对企业各方面创新能力的提升。

二、政策建议

中国资源匮乏、人才短缺，40 余年的改革开放，企业一直处在追赶和模仿的阶段，研发的新产品和技术遭遇西方国家禁售，欧美企业多次向中国低价倾销产品。来自西方国家的打压和极弱的科研环境、较差的知识产权保护环境，有实力冒着巨大风险进行科技创新的企业屈指可数。大多数企业采用跟随创新的策略，通过引进外国技术改造升级为自身适用技术。然而近年来，在国家多项产业政策支持和政府补贴下，企业奋力拼搏，出现了一批突破重围、掌握核心技术、名列行业第一甚至全球第一的企业，如华为、美的、三一重工。中国的白电行业、光伏行业、新能源汽车行业均走在了世界前列。为了鼓励经济发展，在过去几十年间，国家政策相对宽松，企业"摸着石头过河"取得了很大的成绩。虽然出现过度投资、骗补等现象，但是企业创新活动突飞猛进，创新数量飞速提升，创新质量有了质的变化。

从"中国制造"到"中国智造"、"中国创造"，我国的创新环境发生了巨变。企业更注重自主研发和专利保护，研发投入比例不断攀升，尤其是大型企业设立研发中心、实验室、产学研中心等，与其他企业形成技术联盟、合作开发技术。与创新相关的投资目标也从模仿创新、技术跟随到寻找突破性技术、培养主动创新。但是，本书在研究中发现公司风险资本在投资过程及投后管理方面，仍存在以下问题：

第一，投资特征。相比独立风险投资及政府引导的产业基金投资，公司创业投资的规模仍较小，年投资项目数和投资金额相对企业资产和利润额有很大提升空间。与美国风险投资积极投资技术研发型公司不同，中国风险投资偏爱新商业模式的项目及投入资金可快速复制的项目。一方面，由于商业模式创新的项目回报周期短、风险低，而技术研发类项目不确定性高、风险高。另一方面，国内投资人普遍缺乏某个行业的从业经验，不具备短时间了解项目的能力，而优质项目需要"抢"着投资，过于详尽的调研容易错失投资良机。整体来看，国内的风险投资人相对保守，大多倾向于成熟项目，偏早期项目的投资比例仍然较低。成熟项目投资风险低，回报高、收益快，这类容易成功的项目为投资机构树立口碑，名誉度提升便于吸引更优质的投资项目。

风险投资行业有一句公认的格言："太多的资金追逐太少的交易。"在流动性偏宽松的情况下，风险资金充足但是优质资源稀缺，导致机构扎堆投向前景明朗的优质明星项目、"抱团取暖"。当预期回报很高时，资本加速进入该行业，20世纪90年代末，美国互联网蓬勃发展，初创企业的上市给纳斯达克带来了繁荣，21世纪初相关股票市场的萧条也反映了该行业的衰落。国内多个案例证明，在阶段热门的行业容易出现过度投资、重复投资、盲目跟投、浪费资源的现象；许多企业在缺少调研的情况下跟随知名投资机构一窝蜂投资，过度资金投资捧杀初创企业，造成资源浪费，最终"一地鸡毛"。

对赌协议是西方风险投资行业常用的一种投资工具，投资方出于保护自身利益和快速获取超额利润的目的，创始人为了获得高估值融资，双方对未来不确定情况进行约定。这种类似期权的协议对处于成长期和扩张期的初创企业来说蕴含高风险，一旦业绩低于预期创始人容易丧失控制权，并且对技术研发等不确定性高的应用研究非常不利。初创企业为了达到协议条件，主动规避高风险的创新活动、力争短期业绩达标。从企业性质来看，民营企业的投资部门通常设定KPI，投资的财务目标大于企业战略目标，容易引发短视投资；而有些国有企业无固定的投资回报标准，投资效率低下，跟随地方政策指导或者无目标跟投较多。

风险投资具有很强的地域性，东部及北上广深投资项目较多，西部、北部区域项目较少，这与地区开放程度、交通便利程度、投资的时间成本相关。近几年，高铁的开通大大缩短了投资通勤时间，扩大了投资范围，易于构建全国性的投资网络。但是很多企业存在"投资不过山海关"或"投资只在包邮区"的主观意识，自动缩小投资范围，有些投资人长期驻扎一个区域筛选项目。常见的北部、西部项目无人问津，而东部、南部区域投资过热。虽然风险投资的原则是投资于熟悉的领域和范围，风险投资的主动选择有利于自身的风险控制，但是不利于地区经济的发展，某些地区过度拥挤的投资增加了投资成本，对于不发达地区的地域偏见，也使企业错过一些低成本的优质项目。

第二，投后管理。西方成熟的风险投资体系内投资人的年纪多数为四五十岁，超过 60 岁的优秀风险投资人也十分常见。合伙人级别的投资人甚至是投资经理通常在某个行业深耕数年，有非常熟悉和擅长的领域，对行业的发展了解深厚，有独到的见解。有资历利用广泛的行业关系和丰富的企业管理经验，为被投资企业提供增值服务。而国内风险投资机构的投资人大多为三四十岁甚至出现 90 后、95 后的合伙人。年轻的投资人能带来新奇的投资理念和新兴行业意想不到的投资项目，然而投资人经验和阅历的缺乏不利于项目筛选和投后管理，尤其对于培育科技类的初创企业，需要长远眼光和十足耐心。

上市公司更是普遍缺乏风险投资人才、体系完整的投资经验和较高的治理水平。由于独立风险投资机构的投资人有较高的回报率，知名的投资人较难招聘至上市公司内部。此外，如果公司高管缺乏风险投资的经验，很难意识到外部投资的重要性。数据显示，大部分企业仍未拥有独立的投资部门或投资公司，多选择跟随独立风险投资进行投资。在投后管理方面，由于企业跟投持有的股权较少，很难进入初创企业董事会，了解项目、技术、市场的初衷难以实现。

由于投资与被投资企业存在委托代理关系和道德风险，竞争和泄密在风险投资行业并不罕见。对于初创企业，如果 CVC 投资母公司与被投企业存在竞争关系、生产竞争性产品，被投企业面临市场压力和威胁，投资方有可能限制被投企业市场资源、合作范围，剥夺而非培育被投资企业的技术创新。另外，作为资金提供方和董事会的成员，投资企业有机会窃取初创企业技术机密和核心资产。有实力吞并竞争对手，限制被投资企业发展。即使双方签署竞业协议，也是针对初创企业创始人，投资企业仍然可以投资其他同类型企业，存在技术迁移的可能性。如果投资方与被投资企业不在同一行业时，投资公司缺乏初创企业的管理经验，反而可能干扰初创企业的日常经营。

当高市场势力的投资方不确定哪一家初创企业会成功时，一般会投资行业内一批企业，集中扶持一家企业。而其他企业被窃取核心技术、侵占市场、引流客户，甚至作为竞争对手被消灭掉。那么在细分领域，强势的投资人就成为唯一的投资方。还有一些手握巨量资本的投资企业不断投资、并购企业，垄断市场后提价，形成寡头竞争，阻碍了小企业的发展。某些企业投资为了后期以优惠价进行收购，或参与定增、获得 IPO 机会，赚取超额利润是无可厚非的，但是应警惕过热的风险投资行业挤压其他实体投资的资金，削弱工业竞争力。尤其是当风险投资机构为了退出得到回报，让创业企业过早进入公开发行市场时，新兴行业可能面临倒退。

针对以上问题，本书提出以下政策建议：

第一，监管和政策层面。政府应加强知识产权保护，在支持创新、创业的同时保护创始人合法权益，形成投资协议范本；加强对于公司风险资本的审计，摸清来源和去向，避免资本实控人关联交易、利益输送或者风险投资公司成为私人攫取利益的提款机。建立良好的科研环境，让扎实做科研的企业赚到钱，让不做科研的企业赚不到大钱，严厉打击投机企业。健全法治环境、营商环境，保护原创性技术，支持合法的技术转让和知识迁移。

针对"互联网+"等新兴行业设立反垄断条款，新兴行业容易吸引风险资本进入并产生新的商业模式，而法律的制定往往落后于新模式的发展，因此需要在较高资本渗入率的行业及时修改反垄断法，以保护商业交易中的经济个体。资本的反垄断制裁在美国出现过，如洛克菲勒的标准石油公司，被美国政府拆分成 34 家地区石油公司。1890 年美国通过了《谢尔曼法案》，强制拆分垄断企业。这种打破垄断的做法导致企业只有保持科技优势才能在激烈的市场竞争中获取优胜者地位，追求高额利润的资本进入高风险高回报的科技创新行业，加快了美国各行各业的创新速度。

通过政策引导风险资本进入投资规模大、私人投资少、投资回报慢、风险高的行业，尤其针对"卡脖子"技术，鼓励联合投资分担投资风险，但是避免行业过热投资。政策鼓励企业开展基础研究，鼓励风险资本投资基础研究领域的企业和研究机构，给予相关税收优惠或者补贴。对于政府引导基金、公司创业投资和独立风险投资三类机构，政策引导其分别承担不同投资领域，发挥各自投资专长，防止投资资本错配。尤其对于手握重金的上市公司，以政策引导资本服务实体经济，避免行业恶意竞争和社会内耗，避免垄断和金融化，让资金实实在在流向实体企业和行业，承担社会责任，服务于社会。

第二，企业层面。重视公司创业投资这种开放创新模式，积极进行创业投资活动。正确面对风险，避免资金闲置于合伙企业或合伙基金内。在选择创业企业时，应眼光长远，放弃行业和地区偏见。充分调研项目、理性投资，选择与企业战略匹配的投资项目，避免盲目多元化投资。增加早期项目的投资比例，耐心辅助初创企业成长。在风险控制范围内，提升风险承担水平和对失败的容忍度。重视科学领域的基础研究和应用研究，注重知识和技术资源积累，提高自身吸收能力，保持持续创新。

投后管理方面，注重初创企业知识产权保护，合作大于竞争。提高项目管理水平，董事会配备专业的风险投资人辅助决策。企业设立的风险投资部门除从企业内部挑选行业经验丰富的员工外，需要从外部引入专业投资人才。不仅需要金融领域专家，还需要在如医学、化工、电子等专业领域有实务工作经验又有投资经验的复合投资人。外部人才带来的新知识和新的投资经验结合内部人才对战略的把握和执行，有利于提升投资效率、达成投资目标。如果公司成立合伙基金或者合资企业，尽量挑选有共同目标的合作伙伴，避免某一方"一股独大"，风险投资公司脱离企业战略，仅贡献财务回报。

三、研究不足及展望

本书基本实现了预期的研究目标，但由于研究能力有限及研究条件的限制，仍存在较多不足，有待未来研究进一步加以完善。

首先，研究样本缺失。尽管本书尽力完整采集投资事件信息，但是投中数据库、清科私募通数据库中关于投资比例的数据缺失严重，无法从对被投资企业的持股比例角度衡量 CVC 投资强度。同时，由于被投资企业是初创企业，财务数据和技术创新状况无法获得，难以追踪被投资企业后续发展，无法判定投资是否失败以及 CVC 投资对于初创企业的不利影响。未来如果有相关数据库，可以从上市公司与被投资企业的专利重叠度、被投资企业的专利引用率、被投资企业研发团队的构建等角度进一步研究上市公司投资对于初创企业技术创新的影响。

其次，随着经济业务复杂化，商业模式创新与技术创新的充分融合，新的商业模式促进新技术的产生，新技术需要新商业模式辅助进行新产品开发、产品商业转化。但是目前没有很好的方法去衡量企业新商业模式的创新价值，仅以技术创新代表所有创新活动，难免以偏概全。此外，如果可以从投资目的区分新商业模式投资和新技术偏好投资，进而衡量两类投资对技术创新的不同影响，这一课题研究将更为丰富完整。

最后，创业投资作为企业外部创新的途径，后续研究可以比较创业投资、并购、内部研发对技术创新的不同影响，以及 IPO、并购等不同退出渠道对投资企业和被投资企业的影响。此外，公司创业投资、独立风险投资和政府引导基金三类资本投资目标不同，尤其是政府引导基金遍地开花，对企业的助力大大增强。进一步对比此三类资本的投资偏好和投资影响也十分有意义。

中国的经济规模、制度环境及稳步进行的开放和转型过程，都为研究企业的各类问题提供了很好的研究样本。未来将以更加严谨的治学态度和更强的学术能力深入探讨风险投资、技术创新的相关话题。

参考文献

［1］ Gompers P A, Lerner J. Money Chasing Deals? The Impact of Fund Inflows on Private Equity Valuations ［J］. Journal of Financial Economics, 2000, 55 (2): 281-325.

［2］ Cohen W M, Levinthal D A. Absorptive Capacity: A New Perspective on Learning and Innovation ［J］. Administrative Science Quarterly, 1990 (35): 128-152.

［3］ March J G. Exploration and Exploitation in Organizational Learning ［J］. Organization Science, 1991, 2 (1): 71-87.

［4］ Schildt H A, Keil T, Maula M. Explorative and Exploitative Learning from External Corporate Ventures ［J］. Entrepreneurship Theory & Practice, 2005, 29 (4): 493-515.

［5］ Gompers P A, Lerner J. Venture Capital Distributions: Short-Run and Long-Run Reactions ［J］. The Journal of Finance, 1998, 53 (6): 2161-2183.

［6］ Dushnitsky G, Lenox M J. When Do Incumbents Learn from Entrepreneurial Ventures?: Corporate Venture Capital and Investing Firm Innovation Rates ［J］. Research Policy, 2005, 34 (5): 615-639.

［7］ Narayanan V K, Yi Y, Zahra S A. Corporate Venturing and Value Creation: A Review and Proposed Framework ［J］. Research Policy, 2009, 38 (1): 58-76.

［8］ Weber C, Weber B. Corporate Venture Capital Organizations in Germany A Comparison ［J］. Venture Capital, 2005, 7 (1): 51-73.

［9］ Katila R, Rosenberger J D, Eisenhardt K M. Swimming with Sharks: Technology Ventures, Defense Mechanisms and Corporate Relationships ［J］. Administrative Science Quarterly, 2008, 53 (2): 295-332.

［10］ Maula M V J, Keil T, Zahra S A. Top Management's Attention to Discontinuous Technological Change: Corporate Venture Capital as an Alert Mechanism ［J］. Organization Science, 2013, 24 (3): 926-947.

［11］ Dushnitsky G. Corporate Venture Capital in the Twenty-First Century: An Integral Part of Firms' Innovation Toolkit ［M］. New York: Oxford University Press, 2012.

［12］ Dushnitsky G, Lenox M J. When Does Corporate Venture Capital Investment Create Firm Value? ［J］. Journal of Business Venturing, 2006, 21 (6): 753-772.

［13］ 董静, 徐婉渔. 公司风险投资: "鱼水相依" 抑或 "与鲨共舞"? ——文献评述与理论建构 ［J］. 外国经济与管理, 2018, 40 (2): 3-17+50.

［14］ Ernst H, Witt P, Brachtendorf G. Corporate Venture Capital As a Strategy for External Innovation: An Exploratory Empirical Study ［J］. R & D Management, 2005, 35 (3): 233-242.

［15］ Miles M P，Covin J G. Exploring the Practice of Corporate Venturing：Some Common Forms and Their Organizational Implications ［J］. Entrepreneurship Theory and Practice，2002，26（3）：21-40.

［16］ Markham S K，Gentry S，Hume D，et al. Strategies and Tactics for External Corporate Venturing：Use Venture Capital Funds and Practices to Bring New Technologies into Your Company by Making External Investments ［J］. Research - Technology Management，2005，48（2）：49-59.

［17］ Reichardt B，Weber C. Corporate Venture Capital in Germany：A Comparative Analysis of 2000 and 2003 ［J］. Technological Forecasting and Social Change，2006，73（7）：813-834.

［18］ Chesbrough H W. Making Sense of Corporate Venture Capital ［J］. Harvard Business Review，2002，80（3）：90-99.

［19］ Anokhin S，Peck S，Wincent J. Corporate Venture Capital：The Role of Governance Factors ［J］. Journal of Business Research，2016，69（11）：4744-4749.

［20］ Hill S A，Birkinshaw J. Strategy-organization Configurations in Corporate Venture Units：Impact on Performance and Survival ［J］. Journal of Business Venturing，2008，23（4）：423-444.

［21］ Siegel R，Siegel E，MacMillan I C. Corporate Venture Capitalists：Autonomy，Obstacles，and Performance ［J］. Journal of Business Venturing，1988，3（3）：233-247.

［22］ Sykes H B. Corporate Venture Capital：Strategies for Success ［J］. Journal of Business Venturing，1990，5（1）：37-47.

［23］ Mcnally K N. Sources of Finance for UK Venture Capital

Funds：The Role of Corporate Investors ［J］. Entrepreneurship & Regional Development，1994，6（3）：275-297.

［24］谈毅，叶岑. 风险投资业的发展历程与制度变迁［J］. 预测，2003（3）：27-30.

［25］Dileep H，A，et al. Calls on High-technology：Japanese Exploration of Venture Capital Investments in the United States ［J］. Strategic Management Journal，1992，13（2）：85-101.

［26］Kann A. Strategic Venture Capital Investing by Corporations：A Framework for Structuring and Valuing Corporate Venture Programs ［D］. Stanford University，2000.

［27］Lantz J S，Sahut J M，Teulon F. What Is the Real Role of Corporate Venture Capital？［J］. International Journal of Business，2011，16（4）：367-382.

［28］Chesbrough H W，Tucci C L. Corporate Venture Capital in the Context of Corporate Innovation ［C］. DRUID Summer Conference，2004.

［29］Keil T. Building External Corporate Venturing Capability：Initial Conditions，Learning Processes and Knowledge Management ［J］. Journal of Management Studies，2004，41（5）：799-825.

［30］Wadhwa A，Kotha S. Knowledge Creation Through External Venturing：Evidence from the Telecommunications Equipment Manufacturing Industry ［J］. The Academy of Management Journal，2006，49（4）.

［31］Winters T E，Murfin D L. Venture Capital Investing for Corporate Development Objectives ［J］. Journal of Business Venturing，1988，3（3）：207-222.

［32］ Keil T, Maula M, Wilson C. Unique Resources of Corporate Venture Capitalists as a Key to Entry Into Rigid Venture Capital Syndication Networks ［J］. Entrepreneurship Theory & Practice, 2010, 34 (1): 83-103.

［33］ Henley L G. Extending Innovation Boundaries: Corporate Venture Capital Gives Large Firms a Strategic Option ［J］. Journal of Business Strategy, 2007, 28 (5): 36-43.

［34］ Benson D, Ziedonis R H. Corporate Venture Capital as a Window on New Technologies: Implications for the Performance of Corporate Investors When Acquiring Start-ups ［J］. Organization Science, 2009, 20 (2): 329-351.

［35］ Ceccagnoli M, Higgins M J, Kang H D. Corporate Venture Capital as a Real Option in the Markets for Technology ［J］. Strategic Management Journal, 2018, 39 (13): 3355-3381.

［36］ Macmillan I, Roberts E, Livada V, et al. Corporate Venture Capital (CVC): Seeking Innovation and Strategic Growth ［R］. U. S. Department of Commerce, 2008, 6.

［37］谈毅, 仝允桓. 公司开展风险投资的战略意图和组织设计 ［J］. 预测, 2005 (1): 1-6.

［38］ Riyanto Y E, Schwienbacher A. The Strategic Use of Corporate Venture Financing for Securing Demand ［J］. Journal of Banking & Finance, 2006, 30 (10): 2809-2833.

［39］ Napp J J, Minshall T, Probert D. External Corporate Venture Capital Investment: Towards a Framework for Capturing and Measuring Strategic Value ［C］ //Portland International Conference on Management of Engineering & Technology. IEEE, 2009.

［40］刘建香. 技术购买与公司风险投资——大企业从外部获取技术创新源的两种方式之比较［J］. 科技管理研究，2008（9）：170-172.

［41］Basu S，Phelps C，Kotha S. Towards Understanding Who Makes Corporate Venture Capital Investments and Why［J］. Journal of Business Venturing，2011，26（2）：153-171.

［42］Tong T W，Li Y. Real Options and Investment Mode：Evidence from Corporate Venture Capital and Acquisition［J］. Organization Science，2011，22（3）：659-674.

［43］Sahaym A，Steensma H K，Barden J Q. The Influence of R&D Investment on the Use of Corporate Venture Capital：An Industry-level Analysis［J］. Journal of Business Venturing，2010，25（4）：376-388.

［44］Da Gbadji L A G，Gailly B，Schwienbacher A. International Analysis of Venture Capital Programs of Large Corporations and Financial Institutions［J］. Entrepreneurship Theory and Practice，2015，39（5）：1213-1246.

［45］Gaba V，Meyer A D，et al. Crossing the Organizational Species Barrier：How Venture Capital Practices Infiltrated the Information Technology Sector［J］. Academy of Management Journal，2008，51（5）：976-998.

［46］Gaba V，Dokko G. Learning to Let Go：Social Influence，Learning，and the Abandonment of Corporate Venture Capital Practices［J］. Strategic Management Journal，2016，37（8）：1558-1577.

［47］Park H D，Steensma H K. The Selection and Nurturing Effects of Corporate Investors on New Venture Innovativeness［J］.

Strategic Entrepreneurship Journal, 2013, 7 (4): 311-330.

[48] Dushnitsky G, Lavie D. How Alliance Formation Shapes Corporate Venture Capital Investment in the Software Industry: A Resource-based Perspective [J]. Strategic Entrepreneurship Journal, 2010, 4 (1): 22-48.

[49] Noyes E, Brush C, Hatten K, et al. Firm Network Position and Corporate Venture Capital Investment [J]. Journal of Small Business Management, 2014, 52 (4): 713-731.

[50] Aernoudt R, San J A. Executive Forum: Early Stage Finance and Corporate Venture-two Worlds Apart? [J]. Venture Capital, 2003, 5 (4): 277-286.

[51] Yang Y, Narayanan V K, Zahra S. Developing the Selection and Valuation Capabilities through Learning: The Case of Corporate Venture Capital [J]. Journal of Business Venturing, 2009, 24 (3): 261-273.

[52] Dokko G, Gaba V. Venturing into New Territory: Career Experiences of Corporate Venture Capital Managers and Practice Variation [J]. Social Science Electronic Publishing, 2011, 55 (3): 563-583.

[53] Sahaym A, Cho S Y, Kim S K, et al. Mixed Blessings: How Top Management Team Heterogeneity and Governance Structure Influence the Use of Corporate Venture Capital by Post-IPO Firms [J]. Journal of Business Research, 2016, 69 (3): 1208-1218.

[54] Weber C, Weber B. Exploring the Antecedents of Social Liabilities in CVC Triads—A Dynamic Social Network Perspective [J]. Journal of Business Venturing, 2011, 26 (2): 255-272.

［55］ Dushnitsky G， Shapira Z. Entrepreneurial Finance Meets Organizational Reality： Comparing Investment Practices and Performance of Corporate and Independent Venture Capitalists ［J］. Strategic Management Journal， 2010， 31 （9）： 990−1017.

［56］ Lerner J， Sorenson M， Stromberg P. What Drives Private Equity Activity and Success Globally？ ［J］. The Global Economic Impact of Private Equity Report， 2009 （1）： 81−112.

［57］ Brau J， Francis B， Kohers N. The Choice of IPO Versus Takeover： Empirical Evidence ［J］. The Journal of Business， 2003， 76 （4）： 583−612.

［58］ Bayar O， Chemmanur T J. IPOs Versus Acquisitions and the Valuation Premium Puzzle： A Theory of Exit Choice by Entrepreneurs and Venture Capitalists ［J］. Journal of Financial and Quantitative Analysis： JFQA， 2011， 46 （6）： 1755−1793.

［59］ Douglas C. Contracts and Exits in Venture Capital Finance ［J］. Review of Financial Studies， 2008 （5）： 1947−1982.

［60］ Benson D， Ziedonis R H. Corporate Venture Capital and the Returns to Acquiring Portfolio Companies ［J］. Journal of Financial Economics， 2010， 98 （3）： 478−499.

［61］ Higgins M J， Rodriguez D. The Outsourcing of R&D through Acquisitions in the Pharmaceutical Industry ［J］. Journal of Financial Economics， 2006， 80 （2）： 351−383.

［62］ Masulis R W， Nahata R. Venture Capital Conflicts of Interest： Evidence from Acquisitions of Venture−Backed Firms ［J］. Social Science Electronic Publishing， 2011， 46 （2）： 395−430.

［63］ 熊彼特. 经济发展理论： The Theory of Economic Development：An Inquiry into profits，capital，credit，interest，and the business cycle ［M］．北京：商务印书馆，1990.

［64］柳卸林．技术创新经济学［M］．北京：中国经济出版社，1993.

［65］Dosi G，Freeman C，Nelson R，Silverberg G，Soete L. Technical Change and Economic Theory ［M］．London：Printer Books，1988.

［66］James R，Brown，et al. Financing Innovation and Growth：Cash Flow，External Equity，and the 1990s R&D Boom ［J］．Journal of Finance，2009，64（1）：151-185.

［67］解维敏，方红星．金融发展、融资约束与企业研发投入［J］．金融研究，2011（5）：171-183.

［68］Acs Z J，Anselin L，Varga A. Patents and Innovation Counts as Measures of Regional Production of New Knowledge ［J］．Research Policy，2002，31（7）：1069-1085.

［69］周黎安，罗凯．企业规模与创新：来自中国省级水平的经验证据［J］．经济学（季刊），2005（2）：623-638.

［70］黎文靖，郑曼妮．实质性创新还是策略性创新？——宏观产业政策对微观企业创新的影响［J］．经济研究，2016，51（4）：60-73.

［71］吴延兵．中国哪种所有制类型企业最具创新性？［J］．世界经济，2012，35（6）：3-29.

［72］Mcgrattan E R，Prescott E C. Openness，technology capital，and development ［J］．Journal of Economic Theory，2009，144（6）：2454-2476.

［73］罗福凯．要素资本平衡表：一种新的内部资产负债表

［J］．中国工业经济，2010（2）：89-99.

［74］Solow R M. Technical Progress and the Aggregate Produc-tion Function［J］．Review of Economics，1957（70）：65-94.

［75］Romer P. Increasing Returns and Long-run Growth［J］．Journal of Political Economy，1986，94（5）：1002-1037.

［76］Morales M F. Research Policy and Endogenous Growth［J］．Spanish Economic Review，2004（6）：179-209.

［77］Iyigunu. Clusters of Invention，Life Cycle of Technologies and Endogenous Growth［J］．Journal of Economic Dynies and Conrtol，2006，30（4）：687-719.

［78］傅家骥．技术创新学［M］．北京：清华大学出版社，1998.

［79］刘华．专利制度与经济增长：理论与现实——对中国专利制度运行绩效的评估［J］．中国软科学，2002（10）：26-30.

［80］朱勇，张宗益．技术创新对经济增长影响的地区差异研究［J］．中国软科学，2005（11）：92-98.

［81］赵树宽，余海晴，姜红．技术标准、技术创新与经济增长关系研究——理论模型及实证分析［J］．科学学研究，2012，30（9）：1333-1341+1420.

［82］唐未兵，傅元海，王展祥．技术创新、技术引进与经济增长方式转变［J］．经济研究，2014，49（7）：31-43.

［83］梁丽娜，于渤．经济增长：技术创新与产业结构升级的协同效应［J］．科学学研究，2021（1）：1-12.

［84］顾夏铭，陈勇民，潘士远．经济政策不确定性与创新——基于我国上市公司的实证分析［J］．经济研究，2018，

53（2）：109-123.

［85］Damanpour F，Evan W M. Organizational Innovation and Performance：The problem of "Organizational Lag" ［J］. Administrative Science Quarterly，1984，29（3）：392-409.

［86］Tidd J. Innovation Management in Context：Environment，Organization and Performance ［J］. International Journal of Management Reviews，2001，3（3）：169-183.

［87］袁建国，程晨，后青松. 环境不确定性与企业技术创新——基于中国上市公司的实证研究 ［J］. 管理评论，2015，27（10）：60-69.

［88］刘婧，罗福凯，王京. 环境不确定性与企业创新投入——政府补助与产融结合的调节作用 ［J］. 经济管理，2019，41（8）：21-39.

［89］孙伍琴，王培. 中国金融发展促进技术创新研究 ［J］. 管理世界，2013（6）：172-173.

［90］Guan J，Chen K. Modeling the Relative Efficiency of National Innovation Systems ［J］. Research Policy，2012，41（1）：102-115.

［91］Hsu C W，Lien Y C，Chen H M. R&D Internationalization and Innovation Performance ［J］. International Business Review，2015，24（2）：187-195.

［92］李梅，余天骄. 研发国际化是否促进了企业创新——基于中国信息技术企业的经验研究 ［J］. 管理世界，2016（11）：125-140.

［93］诸竹君，黄先海，王毅. 外资进入与中国式创新双低困境破解 ［J］. 经济研究，2020，55（5）：99-115.

［94］诸竹君，陈航宇，王芳．银行业外资开放与中国企业创新陷阱破解［J］．中国工业经济，2020（10）：175-192.

［95］Czarnitzki D，Licht G. Additionality of Public R&D Grants in a Transition Economy：The Case of Eastern Germany［J］．Economics of Transition，2005，14（1）：101-131.

［96］Girma S，Görg H，Strobl E. The Effect of Government Grants on Plant Level Productivity［J］．Economics Letters，2007，94（3）：439-444.

［97］楚尔鸣，鲁旭．基于 SVAR 模型的政府投资挤出效应研究［J］．宏观经济研究，2008（8）：41-47.

［98］白俊红，江可申，李婧．应用随机前沿模型评测中国区域研发创新效率［J］．管理世界，2009（10）：51-61.

［99］安同良，周绍东，皮建才．R&D 补贴对中国企业自主创新的激励效应［J］．经济研究，2009，44（10）：87-98+120.

［100］肖文，林高榜．政府支持、研发管理与技术创新效率——基于中国工业行业的实证分析［J］．管理世界，2014（4）：71-80.

［101］杨洋，魏江，罗来军．谁在利用政府补贴进行创新？——所有制和要素市场扭曲的联合调节效应［J］．管理世界，2015（1）：75-86+98+188.

［102］蔡晓慧，茹玉骢．地方政府基础设施投资会抑制企业技术创新吗？——基于中国制造业企业数据的经验研究［J］．管理世界，2016（11）：32-52.

［103］叶祥松，刘敬．异质性研发、政府支持与中国科技创新困境［J］．经济研究，2018，53（9）：116-132.

［104］苗文龙，何德旭，周潮．企业创新行为差异与政府技术创新支出效应［J］．经济研究，2019，54（1）：85-99.

［105］Bloom N，Griffith R，Reenen J V. Do R&D Tax Credits Work？Evidence from a Panel of Countries 1979-1997［J］．Journal of Public Economics，2002，85（1）：1-31.

［106］Slemrod J，Wilson J D. Tax Competition with Parasitic Tax Havens［J］．Journal of Public Economics，2009，93（11-12）：1261-1270.

［107］冯海红，曲婉，李铭禄．税收优惠政策有利于企业加大研发投入吗？［J］．科学学研究，2015，33（5）：665-673.

［108］王春元，叶伟巍．税收优惠与企业自主创新：融资约束的视角［J］．科研管理，2018，39（3）：37-44.

［109］王桂军，张辉．促进企业创新的产业政策选择：政策工具组合视角［J］．经济学动态，2020（10）：12-27.

［110］余明桂，范蕊，钟慧洁．中国产业政策与企业技术创新［J］．中国工业经济，2016（12）：5-22.

［111］曹平，王桂军．选择性产业政策、企业创新与创新生存时间——来自中国工业企业数据的经验证据［J］．产业经济研究，2018（4）：26-39.

［112］Bianchi N，Giorcelli M. Reconstruction Aid，Public Infrastructure，and Economic Development：The Case of the Marshall Plan in Italy［J］．Social Science Electronic Publishing，2018.

［113］Hunt J，Gauthier-loiselle M. How Much Does Immigration Boost Innovation？［J］．American Economic Journal Macroeconomics，2009，2（2）：31-56.

［114］李建强，高翔，赵西亮．最低工资与企业创新［J］．

金融研究，2020（12）：132-150.

［115］王春杨，兰宗敏，张超，侯新烁.高铁建设、人力资本迁移与区域创新［J］.中国工业经济，2020（12）：102-120.

［116］易明，吴婷.R&D资源配置扭曲、TFP与人力资本的纠偏作用［J］.科学学研究，2021，39（1）：42-52.

［117］李晨光，张永安.区域创新政策对企业创新效率影响的实证研究［J］.科研管理，2014，35（9）：25-35.

［118］陈强远，林思彤，张醒.中国技术创新激励政策：激励了数量还是质量［J］.中国工业经济，2020（4）：79-96.

［119］Schumpeter J A. Capitalism, Socialism, and Democracy ［J］. American Economic Review, 1942, 3（4）：594-602.

［120］Arrow K. J. Economic Welfare and the Allocation of Resources for Invention ［M］// Rowley C. K.（eds）Readings in Industrial Economics. London：Palgrave，1972：219-236.

［121］Aghion P, De Watripont M, Rey P. Corporate Governance, Competition Policy and Industrial Policy ［J］. European Economic Review, 1997, 41（3-5）：797-805.

［122］朱有为，徐康宁.中国高技术产业研发效率的实证研究［J］.中国工业经济，2006（11）：38-45.

［123］聂辉华，谭松涛，王宇锋.创新、企业规模和市场竞争：基于中国企业层面的面板数据分析［J］.世界经济，2008（7）：57-66.

［124］解维敏，魏化倩.市场竞争、组织冗余与企业研发投入［J］.中国软科学，2016（8）：102-111.

［125］戴魁早，刘友金.市场化进程对创新效率的影响及行业差异——基于中国高技术产业的实证检验［J］.财经研究，

2013，39（5）：4-16.

［126］张宗庆，郑江淮．技术无限供给条件下企业创新行为——基于中国工业企业创新调查的实证分析［J］．管理世界，2013（1）：115-132.

［127］罗福凯，李启佳，庞廷云．企业研发投入的"同侪效应"检验［J］．产业经济研究，2018（6）：10-21.

［128］李大为，刘英基，杜传忠．产业集群的技术创新机理及实现路径——兼论理解"两个熊彼特"悖论的新视角［J］．科学学与科学技术管理，2011，32（1）：98-103.

［129］万幼清，王云云．产业集群协同创新的企业竞合关系研究［J］．管理世界，2014（8）：175-176.

［130］柳卸林，胡志坚．中国区域创新能力的分布与成因［J］．科学学研究，2002（5）：550-556.

［131］池仁勇，虞晓芬，李正卫．我国东西部地区技术创新效率差异及其原因分析［J］．中国软科学，2004（8）：128-131+127.

［132］高楠，于文超，梁平汉．市场、法制环境与区域创新活动［J］．科研管理，2017，38（2）：26-34.

［133］Park W G，Ginarte J C. Intellectual Property Rights and Economic Growth［J］. Contemporary Economic Policy，1997，15（3）：51-61.

［134］Kanwar S，Evenson K R. Does Intellectual Property Protection Spur Technological Change？［J］. Oxford Economic Papers，2003，55（2）：235-264.

［135］Park W G. Do Intellectual Property Rights Stimulate R&D and Productivity Growth？ Evidence from Cross-national and Manufacturing Industries Data［R］. Intellectual Property and Innovation in the Knowledge，2005：1-51.

［136］王华. 更严厉的知识产权保护制度有利于技术创新吗？［J］. 经济研究，2011，46（S2）：124-135.

［137］吴超鹏，唐菂. 知识产权保护执法力度、技术创新与企业绩效——来自中国上市公司的证据［J］. 经济研究，2016，51（11）：125-139.

［138］Chesbrough H W. A Better Way to Innovate［J］. Harvard Business Review，2003，81（7）：12.

［139］West J，Gallagher S. Challenges of Open Innovation：The Paradox of Firm Investment in Open-source Software［J］. R&D Management，2006，36（3）：319-331.

［140］高良谋，马文甲. 开放式创新：内涵、框架与中国情境［J］. 管理世界，2014（6）：157-169.

［141］陈爱贞. 企业并购的行业创新效应与产业创新发展［J］. 南京大学学报（哲学·人文科学·社会科学），2020，57（5）：23-36.

［142］Tian X，Wang T Y. Tolerance for Failure and Corporate Innovation［J］. Review of Financial Studies，2014，27（1）：211-255.

［143］武巧珍. 风险投资支持高新技术产业自主创新的路径分析［J］. 管理世界，2009（7）：174-175.

［144］苟燕楠，董静. 风险投资进入时机对企业技术创新的影响研究［J］. 中国软科学，2013（3）：132-140.

［145］陈鑫，陈德棉，谢胜强. 风险投资、资本项目开放与全要素生产率［J］. 科研管理，2017，38（4）：65-75.

［146］高良谋，李宇．企业规模与技术创新倒 U 关系的形成机制与动态拓展［J］．管理世界，2009（8）：113-123.

［147］张洪辉，夏天，王宗军．公司治理对我国企业创新效率影响实证研究［J］．研究与发展管理，2010，22（3）：44-50.

［148］鲁桐，党印．公司治理与技术创新：分行业比较［J］．经济研究，2014，49（6）：115-128.

［149］李春涛，宋敏．中国制造业企业的创新活动：所有制和 CEO 激励的作用［J］．经济研究，2010，45（5）：55-67.

［150］罗思平，于永达．技术转移、"海归"与企业技术创新——基于中国光伏产业的实证研究［J］．管理世界，2012（11）：124-132.

［151］何瑛，于文蕾，戴逸驰，王砚羽．高管职业经历与企业创新［J］．管理世界，2019，35（11）：174-192.

［152］温军，冯根福．风险投资与企业创新："增值"与"攫取"的权衡视角［J］．经济研究，2018，53（2）：185-199.

［153］唐跃军，左晶晶．所有权性质、大股东治理与公司创新［J］．金融研究，2014（6）：177-192.

［154］李文贵，余明桂．民营化企业的股权结构与企业创新［J］．管理世界，2015（4）：112-125.

［155］王京，罗福凯．混合所有制、决策权配置与企业技术创新［J］．研究与发展管理，2017，29（2）：29-38.

［156］李汇东，唐跃军，左晶晶．用自己的钱还是用别人的钱创新？——基于中国上市公司融资结构与公司创新的研究［J］．金融研究，2013（2）：170-183.

［157］岳怡廷，张西征．异质性企业创新投入资金来源差异及其变迁研究［J］．科学学研究，2017，35（1）：125-138.

［158］鞠晓生，卢获，虞义华．融资约束、营运资本管理与企业创新可持续性［J］．经济研究，2013，48（1）：4-16.

［159］张瑞君，徐鑫，王超恩．大股东股权质押与企业创新［J］．审计与经济研究，2017，32（4）：63-73.

［160］王红建，曹瑜强，杨庆，杨筝．实体企业金融化促进还是抑制了企业创新——基于中国制造业上市公司的经验研究［J］．南开管理评论，2017，20（1）：155-166.

［161］杨兴全，李文聪，尹兴强．多元化经营对企业创新的"双重"影响研究［J］．财经研究，2019，45（8）：58-71.

［162］肖利平，谢丹阳．国外技术引进与本土创新增长：互补还是替代——基于异质吸收能力的视角［J］．中国工业经济，2016（9）：75-92.

［163］曲如晓，臧睿．自主创新、外国技术溢出与制造业出口产品质量升级［J］．中国软科学，2019（5）：18-30.

［164］陈逢文，付龙望，张露，于晓宇．创业者个体学习、组织学习如何交互影响企业创新行为？——基于整合视角的纵向单案例研究［J］．管理世界，2020，36（3）：142-164.

［165］李政，刘丰硕．企业家精神提升城市全要素生产率了吗？［J］．经济评论，2020（1）：131-145.

［166］罗仲伟，任国良，焦豪，蔡宏波，许扬帆．动态能力、技术范式转变与创新战略——基于腾讯微信"整合"与"迭代"微创新的纵向案例分析［J］．管理世界，2014（8）：152-168.

［167］姚明明，吴晓波，石涌江，戎珂，雷李楠．技术追赶

视角下商业模式设计与技术创新战略的匹配——一个多案例研究
[J]．管理世界，2014（10）：149-162+188．

［168］唐松，伍旭川，祝佳．数字金融与企业技术创新——
结构特征、机制识别与金融监管下的效应差异［J］．管理世界，
2020，36（5）：52-66+9．

［169］唐松，赖晓冰，黄锐．金融科技创新如何影响全要素
生产率：促进还是抑制？——理论分析框架与区域实践［J］．中
国软科学，2019（7）：134-144．

［170］许恒，张一林，曹雨佳．数字经济、技术溢出与动态
竞合政策［J］．管理世界，2020，36（11）：63-84．

［171］Hellmann T. A Theory of Strategic Venture Investing
［J］．Journal of Financial Economics，2002，64（2）：285-314．

［172］Keil T，Autio E，George G. Corporate Venture Capital，
Disembodied Experimentation and Capability Development［J］．Jour-
nal of Management Studies，2008，45（8）：1475-1505．

［173］Lee S U，Kang J. Technological Diversification Through
Corporate Venture Capital Investments：Creating Various Options to
Strengthen Dynamic Capabilities［J］．Industry and Innovation，2015
（1）：1-26．

［174］Vanhaverbeke W，Vrande V，Chesbrough H. Under-
standing the Advantages of Open Innovation Practices in Corporate
Venturing in Terms of Real Options［J］．Creativity & Innovation
Management，2008，17（4）：251-258．

［175］Chemmanur T J，Loutskina E，Tian X. Corporate Ven-
ture Capital，Value Creation，and Innovation［J］．The Review of
Financial Studies，2014，27（8）：2434-2473．

［176］林子尧，李新春．公司创业投资与上市公司绩效：基于中国数据的实证研究［J］．南方经济，2012（6）：3-14．

［177］万坤扬．公司创业投资对技术创新和价值创造的影响机制研究［D］．浙江大学，2015．

［178］乔明哲，张玉利，张玮倩，虞星星．公司创业投资与企业技术创新绩效——基于实物期权视角的研究［J］．外国经济与管理，2017，39（12）：38-52．

［179］康永博，王苏生，彭珂．公司创业投资对企业技术创新的影响研究——基于组织间学习的视角［J］．研究与发展管理，2017，29（5）：87-98．

［180］Laursen K，Salter A. Open for Innovation：The Role of Openness in Explaining Innovation Performance among UK Manufacturing firms［J］．Strategic Management Journal，2006（27）：131-150．

［181］Basu S，Wadhwa A. External Venturing and Discontinuous Strategic Renewal：An Options Perspective［J］．Journal of Product Innovation Management，2013，30（5）：956-975．

［182］Kim K，Gopal A，Hoberg G. Does Product Market Competition Drive CVC Investment？Evidence from the US IT Industry［J］．Information Systems Research，2016，27（2）：259-281．

［183］Allen S A，Hevert K T. Venture Capital Investing by Information Technology Companies：Did It Pay？［J］．Journal of Business Venturing，2007，22（2）：262-282．

［184］Kang H，Nanda V K. Complements or Substitutes？Technological and Financial Returns Created by Corporate Venture Capital Investments［J］．SSRN Electronic Journal，2011（7）．

［185］Yang Y, Narayanan V K, De Carolis D M. The Relationship between Portfolio Diversification and Firm Value: The Evidence From Corporate Venture Capital Activity ［J］. Strategic Management Journal, 2014, 35（13）: 1993-2011.

［186］Lin S J, Lee J R. Configuring a Corporate Venturing Portfolio to Create Growth Value: Within-portfolio Diversity and Strategic Linkage ［J］. Journal of Business Venturing, 2011, 26（4）: 489-503.

［187］Titus V K, Anderson B S. Firm Structure and Environment as Contingencies to the Corporate Venture Capital-Parent Firm Value Relationship ［J］. Entrepreneurship Theory & Practice, 2018, 42（3）: 498-522.

［188］Mohamed A, Schwienbacher A. Voluntary Disclosure of Corporate Venture Capital Investments ［J］. Journal of Banking & Finance, 2016（68）: 69-83.

［189］De Bettignies J E, Chemla G. Corporate Venturing, Allocation of Talent, and Competition for Star Managers ［J］. Management Science, 2008, 54（3）: 505-521.

［190］陆方舟, 陈德棉, 乔明哲. 公司创业投资目标、模式与投资企业价值的关系——基于沪深上市公司的实证研究 ［J］. 投资研究, 2014, 33（1）: 57-71.

［191］Wernerfelt B. A Resource-based View of the Firm ［J］. Strategic Management Journal, 1984, 5（2）: 171-180.

［192］Barney J. Firm Resources and Sustained Competitive Advantage ［J］. Journal of Management, 1991, 17（1）: 99-120.

［193］Ahuja G. The Duality of Collaboration: Inducements and

Opportunities in the Formation of Inter Firm Linkages［J］. Strategic Management Journal, 2000, 21（3）: 317-343.

［194］ Grant R M. Prospering in Dynamically-Competitive Environments: Organizational Capability as Knowledge Integration［J］. Organization Science, 1996, 7（4）: 375-387.

［195］ Maula M V J, Autio E, Murray G C. Corporate Venture Capital and the Balance of Risks and Rewards for Portfolio Companies ［J］. Journal of Business Venturing, 2009, 24（3）: 274-286.

［196］ Maula M V J. Corporate Venture Capital and the Value-Added for Technology-Based New Firms［D］. Helsinki University of Technology Institute of Strategy and International Business, Doctoral Dissertation, 2001.

［197］ Ivanov V I, Masulis R W. Strategic Alliances and Corporate Governance in Newly Public Firms: Evidence from Corporate Venture Capital［M］. Social Science Electronic Publishing, 2011.

［198］ Ireland R D, Webb J W. Strategic Entrepreneurship: Creating Competitive Advantage through Streams of Innovation［J］. Business Horizons, 2007, 50（1）: 49-59.

［199］ Miller D, Friesen, P. A Longitudinal Study of the Corporate Life Cycle［J］. Management Science, 1984, 30（10）: 1161-1183.

［200］ Brander J A, Amit R, Antweiler W. Venture-Capital Syndication: Improved Venture Selection vs. The Value-Added Hypothesis［J］. Journal of Economics & Management Strategy, 2002, 11（3）: 423-452.

［201］ Bolton P, Scharfstein D A. A Theory of Predation Based on Agency Problem in Financial Contracting ［J］. American Economic Review，1990，80（1）：93-106.

［202］投资界网站. 中国创业投资简史［M］. 北京：人民邮电出版社，2017：54-57.

［203］Andrew Romans. 创业投资帝国［M］. 北京：中国人民大学出版社，2018.

［204］Josh L，Ann L，Felda H. 风险投资、私募股权与创业融资［M］. 北京：清华大学出版社，2015.

［205］清科研究中心. 2020 泛汽车与大出行领域 CVC 研究报告［R］. 北京：清科研究中心，2020.

［206］清科研究中心. 2020 年中国创业投资（CVC）发展研究报告［R］. 北京：清科研究中心，2020.

［207］Hall B H. The Assessment：Technology Policy［J］. Oxford Review of Economic Policy，2002，18（1）：1-9.

［208］翟丽，鹿溪，宋学明. 上市公司参与公司风险投资的收益及其影响因素实证研究［J］. 研究与发展管理，2010，22（5）：104-112+133.

［209］曹裕，陈晓红，万光羽. 控制权、现金流权与公司价值——基于企业生命周期的视角［J］. 中国管理科学，2010，18（3）：185-192.

［210］Dickinson V. Cash Flow Patterns as a Proxy for Firm Life Cycle［J］. Accounting Review，2011，86（6）：1969-1994.

［211］Thornhill S，Amit R. A Dynamic Perspective of Internal Fit in Corporate Venturing［J］. Journal of Business Venturing，2001，16（1）：25-50.

［212］Guo B，David Pérez - Castrillo，Anna Toldrà -

Simats. Firms' Innovation Strategy Under the Shadow of Analyst Coverage [J]. Journal of Financial Economics, 2019, 131 (2): 456-483.

[213] 王雷, 桂成权. OFDI 逆向技术溢出对地区技术创新的影响——基于基础吸收能力的调节作用 [J]. 南京审计学院学报, 2015, 12 (5): 28-36.

[214] Lane P J, Lubatkin M. Relative Absorptive Capacity and Inter-organizational Learning [J]. Strategic Management Journal, 1998, 19 (5): 461-477.

[215] Wadhwa A, Basu S. Exploration and Resource Commitments in Unequal Partnerships: An Examination of Corporate Venture Capital Investments [J]. Journal of Product Innovation Management, 2013, 30 (5): 916-936.

[216] 温忠麟, 叶宝娟. 中介效应分析: 方法和模型发展 [J]. 心理科学进展, 2014, 22 (5): 731-745.

[217] Nelson R R, Winter S G. An Evolutionary Theory of Economic Change [J]. Administrative Science Quarterly, 1982, 32 (2).

[218] 黄俊, 陈信元. 集团化经营与企业研发投资——基于知识溢出与内部资本市场视角的分析 [J]. 经济研究, 2011, 46 (6): 80-92.

[219] Scott J T. Purposive Diversification and Economic Performance [M]. Cambridge: Cambridge University Press, 1993.

[220] 杨兴全, 尹兴强, 孟庆玺. 谁更趋多元化经营: 产业政策扶持企业抑或非扶持企业? [J]. 经济研究, 2018, 53 (9): 133-150.

［221］Demerjian P R，Lev B，Lewis M. Managerial Ability and Earnings Quality［J］. The Accounting Review，2013，88（2）：463-498.

［222］何威风，刘巍，黄凯莉. 管理者能力与企业风险承担［J］. 中国软科学，2016（5）：107-118.

［223］张路，李金彩，张瀚文，王会娟. 管理者能力影响企业成本粘性吗？［J］. 会计研究，2019（3）：71-77.

［224］曾春华，杨兴全. 多元化经营、财务杠杆与过度投资［J］. 审计与经济研究，2012，27（6）：83-91.

［225］Demerjian P，Lev B，Mcvay S. Quantifying Managerial Ability：A New Measure and Validity Tests［J］. Management Science，2012，58（7）：1229-1248.

［226］Aghion P，Akcigit U，Howitt P. Lessons from Schumpeterian Growth Theory［J］. American Economic Review，2015，105（5）：94-99.

［227］Bloom N，Draca M，Reenen J V. Trade induced technical change？The impact of Chinese imports on innovation，IT and productivity［J］. The Review of Economic Studies，2016，83（1）：87-117.

［228］王文，孙早，牛泽东. 产业政策、市场竞争与资源错配［J］. 经济学家，2014（9）：22-32.

［229］Burks J J，Christine C，Joseph G，et al. Competition and Voluntary Disclosure：Evidence from Deregulation in the Banking Industry［J］. Review of Accounting Studies，2012：1-41.

［230］伊志宏，姜付秀，秦义虎. 产品市场竞争、公司治理与信息披露质量［J］. 管理世界，2010（1）：133-141+161+

188.

［231］Valta P. Competition and the Cost of Debt ［J］. Journal of Financial Economics，2012，105（3）：661-682.

［232］曾伟强，李延喜，张婷婷，马壮. 行业竞争是外部治理机制还是外部诱导因素——基于中国上市公司盈余管理的经验证据 ［J］. 南开管理评论，2016，19（4）：75-86.

［233］许昊，万迪昉，徐晋. 风险投资、区域创新与创新质量甄别 ［J］. 科研管理，2017，38（8）：27-35.

［234］Ueda M，Hirukawa M. Venture Capital and Productivity ［R］. Working Paper University of Wisconsin，2003.

［235］任曙明，吕镯. 融资约束、政府补贴与全要素生产率——来自中国装备制造企业的实证研究 ［J］. 管理世界，2014（11）：10-23+187.

［236］刘忠，李殷. 税收征管、企业避税与企业全要素生产率——基于 2002 年企业所得税分享改革的自然实验 ［J］. 财贸经济，2019，40（7）：5-19.

［237］徐远华. 企业家精神、行业异质性与中国工业的全要素生产率 ［J］. 南开管理评论，2019，22（5）：13-27.

［238］王杰，刘斌. 环境规制与企业全要素生产率——基于中国工业企业数据的经验分析 ［J］. 中国工业经济，2014（3）：44-56.

［239］钱雪松，康瑾，唐英伦，曹夏平. 产业政策、资本配置效率与企业全要素生产率——基于中国 2009 年十大产业振兴规划自然实验的经验研究 ［J］. 中国工业经济，2018（8）：42-59.

［240］Chemmanur T J，Krishnan K，Nandy D K. How does

Venture Capital Financing Improve Efficiency in Private Firms？A Look Beneath the Surface［J］. Review of Financial Studies，2011，24（12）：4037-4090.

［241］Croce A，Martí J，Murtinu S. The Impact of Venture Capital on the Productivity Growth of European Entrepreneurial Firms：Screening or Value-added Effect［J］. Journal of Business Venturing，2013，28（4）：489-510.

［242］陈鑫，陈德棉，谢胜强. 风险投资、资本项目开放与全要素生产率［J］. 科研管理，2017，38（4）：65-75.

［243］王雷，王新文. 风险投资对上市公司全要素生产率的影响——基于独立创业投资与公司创业投资的比较分析［J］. 财经论丛，2020（10）：55-63.

［244］吴延兵. R&D 与生产率——基于中国制造业的实证研究［J］. 经济研究，2006（11）：60-71.

［245］Levinsohn J，Petrin. Stimating Production Functions Using Inputs to Control for Unobservables［J］. Review of Economic Studies，2003，70（2）：317-341.

［246］鲁晓东，连玉君. 中国工业企业全要素生产率估计：1999—2007［J］. 经济学（季刊），2012，11（2）：541-558.

［247］简泽，段永瑞. 企业异质性、竞争与全要素生产率的收敛［J］. 管理世界，2012（8）：15-29.

［248］罗党论，甄丽明. 民营控制、政治关系与企业融资约束——基于中国民营上市公司的经验证据［J］. 金融研究，2008（12）：164-178.

［249］栾强，罗守贵. R&D 资助、企业创新和技术进步——基于国有企业与民营企业对比的实证研究［J］. 科学学研究，

2017，35（4）：625-632.

[250] 周夏飞，周强龙．产品市场势力、行业竞争与公司盈余管理——基于中国上市公司的经验证据［J］．会计研究，2014（8）：60-66+97.

[251] Peress J. Product Market Competition, Insider Trading, and Stock Market Efficiency［J］. Journal of Finance，2010，65（1）：1-43.

[252] Lerner A P. The Concept of Monopoly and the Measurement of Monopoly Power1［J］. The Review of Economic Studies，1934（3）：3.

[253] Brandow G E. Market Power and Its Sources in the Food Industry［J］. American Journal of Agricultural Economics，1969，51（1）：1-12.

[254] 刘啟仁，黄建忠．异质出口倾向、学习效应与"低加成率陷阱"［J］．经济研究，2015，50（12）：143-157.

[255] Melitz M J, Ottaviano G. Market Size, Trade, and Productivity［J］. Review of Economic Studies，2008，75（1）：295-316.

[256] 祝树金，张鹏辉．出口企业是否有更高的价格加成：中国制造业的证据［J］．世界经济，2015，38（4）：3-24.

[257] 钱学锋，范冬梅，黄汉民．进口竞争与中国制造业企业的成本加成［J］．世界经济，2016，39（3）：71-94.

[258] 余淼杰，袁东．贸易自由化、加工贸易与成本加成——来自我国制造业企业的证据［J］．管理世界，2016（9）：33-43+54.

[259] 毛其淋，许家云．跨国公司进入与中国本土企业成本

加成——基于水平溢出与产业关联的实证研究〔J〕. 管理世界，2016（9）：12-32+187.

〔260〕李宏亮，谢建国. 融资约束与企业成本加成〔J〕. 世界经济，2018，41（11）：121-144.

〔261〕王博，毛毅. 实体企业金融化对中国劳动收入份额的影响机制与效应〔J〕. 经济与管理研究，2019，40（10）：88-104.

〔262〕刘啟仁，黄建忠. 产品创新如何影响企业加成率〔J〕. 世界经济，2016，39（11）：28-53.

〔263〕诸竹君，黄先海，宋学印，胡馨月，王煌. 劳动力成本上升、倒逼式创新与中国企业加成率动态〔J〕. 世界经济，2017，40（8）：53-77.

〔264〕Hal R E. Market Structure and Macroeconomic Fluctuations〔J〕. Brookings Papers on Economic Activity，1986，17（2）：285-338.

〔265〕Domowitz I，Hubbard R G，Petersen B C. Market Structure and the Cyclical Fluctuations in U. S〔J〕. Review of Economics & Statistics，1988，70（1）：55-66.

〔266〕Edmond C，Midrigan V，Xu D Y. Competition，Markups，and the Gains from International Trade〔J〕. American Economic Review，2012，105（10）：3183-3221.

〔267〕De Loecker J，Warzynski F. Markups and Firm-Level Export Status〔J〕. American Economic Review，2012，102（6）：2437-2471.

〔268〕Siotis G. Competitive Pressure and Economic Integration：An Illustration for Spain，1983-1996〔J〕. International Journal of

Industrial Organization，2003（21）：1435-1459.

　[269] Domowitz I，R. Glenn Hubbard & Bruce C. Petersen. Business Cycles and the Relationship Between Concentration and Price-Cost Margins [J] . RAND Journal of Economics，1986，17（1）：1-17.

　[270] 李宏亮，谢建国. 融资约束与企业成本加成 [J] . 世界经济，2018，41（11）：121-144.